出口 汪の「最強!」の論理的に読む技術

出口 汪
Hiroshi Deguchi

水王舎

はじめに

▽思考力を鍛え、教養を深めるための読解力

ＡＩをはじめとするテクノロジーが、生活のすみずみまでいきわたる時代がやってきました。これまで人がやってきた仕事が、コンピューターに奪われるということも言われています。

そんな過酷な時代を生き抜くためには、読解力こそ最強の武器となります。ＡＩは所詮記憶や計算をするだけであり、人間だけが獲得している読解力を持つことができないのです。ＡＩに仕事を奪われず、逆にＡＩを使いこなせる人間になるためには、読解力の養成こそが何よりも必要なのです。

もう一つ、ＡＩがこの先も絶対に持つことができないものは、深い教養です。知

なのです。

識はＡＩの得意分野ですが、それを教養に変えることができるのは私たち人間だけなのです。

本書が提案するのは単なる読解力ではなく、論理的に読む技術なのです。敢えて「技術」と言ったのは、誰でも一定の訓練をすれば身につくものだからです。

世の中には様々な読解法が溢れているかもしれません。しかしたとえば、ネット情報をどれだけ読んだところで、思考力を鍛えることはできません。多くの情報から必要なものを速読法を使って拾い読みをしたところで、それで教養を深めることはできないのです。

文章を論理的に読むことで、初めて頭の中でその内容が整理され、それについて記憶・思考することが可能になるだけでなく、人に論理的に説明できるようになります。そうした作業の繰り返しの中で、次第に思考力が鍛えられてくるのです。そのためには文章を論理的に読まなければならないのです。

想像してみてください。難解な文章を正確に読みこなし、論理的に記憶・思考し、論理的に話をし、コミュニケーション能力を飛躍的に高め、ブログやＳＮＳなどにおいても論理的で、正確な文章を書くことができ、深い教養を身につけることができたなら、あなたの人生は論理力を身につけなかった人生と比べて、随分と異なったものになると思いませんか？

▽論理力を身につける二つの方法

本書の特質は、様々な名作の一場面を切り取り、私自身が設問を創作したことです。こうした練習問題をハルカちゃんと一緒に解いてみてください。必ず問題を考えてから、本書の解説をじっくりと読んでほしい。次第に、論理的に読むとはどういうことなのかが実感できるはずです。

論理に習熟するための方法は主に二つあります。

一つは、難解な文章を論理的に読みこなす訓練を続けることです。人によってどれだけの訓練が必要かは異なりますが、一定の練習量をこなせば必ず頭の使い方が変わってきます。もっとも有効なのは、私の現代文の問題集を自分のレベルに応じて解いていくことです。設問と詳しい解説があるから、自分が論理的に読めているかどうかを客観的に判断することができます。

もう一つは、論理を実践の場で使ってみることです。まずは論理を意識して、誰かと話をしてみてください。あなたの話し方が分かりやすければ、相手はすぐに頷《うなず》いてくれるはずです。さらには論理を意識して、電子データで文章を書いてみること。それを続けていくと、誰かが必ず「最近話し方や文章が変わったね」と言ってくれるはずです。

本書は「記憶術」「書く技術」「話す技術」「論理的に考える技術」に続く第5弾で、この「最強！」シリーズは本書によって完成します。もちろん本書から始めて、「読む技術」で獲得した論理力を「記憶」「書く」「話す」「考える」に応用してもかまいません。ただ本書一冊で満足するのではなく、シリーズ全体を通して論理力をぜひ獲得してほしいのです。なぜなら、論理力が規則に従った言葉の使用法である限り、習熟するまで取り組む必要があるからです。

千里の道も一歩から。

本書を読み終えたときが、実は本当の始まりなのです。

出口 汪

出口汪の「最強!」の論理的に読む技術

目次

第1章 AI時代に生き残るために

第2章

自分を殺す技術

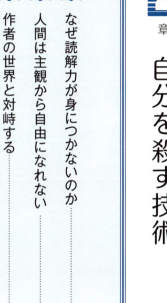

第3章 論理的に読む技術

第4章 思考力を鍛える読書

第5章 教養を深める読書

ハルカの  自己紹介

初めまして。私の名前はハルカです。アパレル系専門商社に勤務している、26歳のOLです。

出口先生に出会う前は、仕事も駄目、コミュニケーションも取れない、彼氏もできないと、本当に駄目な人間でした。でも、「記憶術」「書く技術」「話す技術」「論理的に考える技術」と、順次教えてもらうことにより、徐々にですが人生そのものが変わってきたような気がします。

仕事でも昇進し、今では部下を持てるようになりました。彼氏もでき、ゴールインまではあと一歩というところです。それはそれで十分満足なのですけど、本当に欲深い性格なのか、まだ何か足りないような気がしています。

これからは社会的地位の高い人や、成功した人たちとの交流も増えてくるので、そういった人からもハルカちゃんって魅力的だねって言ってもらえるようになりたいのです。

そのためには本をたくさん読まなければいけないことは十分理解しているつもりです。でも、マンガとかライトノベルやミステリーならば読めるのですが、ちょっと堅苦しい本になると途端に拒絶反応を起こしてしまうせいか、眠くなってしまいます。これではとても教養ある魅力的な女性にはなれません。

先生、どうか私に、これが本当に最後ですから、本物の読解力を授けてくださいませ。

第1章

AI時代に生き残るために

今日は福沢諭吉の頭になってみようかしら…!
天は人の上に人を造らず
学問のすすめ
ざ 斬新だね…
諭吉ヘアー

「読む力」が論理力を鍛え、教養を深める

現代は第４次産業革命の時代と言われています。

第１次産業革命は19世紀、イギリスの蒸気機関の発明から始まりました。様々な作業の担い手が人間から機械へと変わり、産業構造が大きく変わりました。第２次産業革命は20世紀のアメリカから始まり、電力により大量生産が可能になりました。第３次産業革命は20世紀後半、コンピューターによって自動化が進み、現在のネット社会が出現しました。

そして、今や第４次産業革命の到来で、ＡＩ（人工知能）の発達により、人間が指示しなくても、機械が自分で考えて動くようになったのです。これからはあらゆるものが自立化され、それによって人間の仕事がＡＩに奪われていくのではないかと危惧されています。

記憶と計算はコンピューターの仕事となりました。実はＡＩに対抗するための、言い換えればＡＩに仕事を奪われないための人間の最強の武器は「読む力」、つまり、読解力なのです。

先生、聞いてください。「記憶術」「書く技術」「話す技術」「論理的に考える技術」と、先生からいっぱい教えてもらいました。おかげで会社での評判は上々、かわいい部下までできて、彼とは何とか別れずに済んでいます。でも、でも――何か足りないんです！

えっ？　何が足りないのかな？

う〜ん、自分でもよく分からないけど、もっと人から尊敬されたいのかな。ハルカちゃんって、やっぱりすごい！　できる女ね！　だけでなくて、みんなから深いとか、魅力的だとか、なんか他の女とはレベルが違うような、そんな尊敬の眼差しがほしいというか――。

まだ若いのだから、そこまで高望みは――。

先生、せっかくここまでがんばったのだから、やはりもっともっと高みを目指したい。才色兼備のハルカにあと何が足りないのか、教えてください。

才色兼備かはともかく、人に一目置かれるようになりたいのなら、もっと教養を身につけたらいいのかなあ。確かに、ハルカちゃんにはまだ教養が足りないような――。

教養？　知識ではなく、教養ですか？　政治とか経済を語ればいいのですか？

ハルカちゃん、毎日、新聞を読んでいる？

もちろんです！　テレビの番組欄と、週刊誌の広告、たまにはスポーツ欄に目を通します。と言っても、最近はネットで済ませてしまうから、新聞はあまり読まないかも。

読書の習慣は？

週刊誌とマンガなら読みます。それとダイエット本とか好きなタレントが書いた本なら、たまには読むことがあるけど。あっ、でも、これらもインターネットの記事で読むことが多いかな。

朝日新聞の天声人語や社説、時には知識人の書いた論説などを読まなければいけないよ。

でも、難しくて、よく分からないし、それに、多忙な毎日を送る私にはとてもそんな時間の余裕などありません。だって、前に一度新聞の「論壇」という文章を読んだことがあるけど、文章の途中で目が止まってしまって、一時間かけて読んでもさっぱり意味が分かりませんでした。でも、そんな文章を読まなくとも、日常生活ではまったく不自由をしません。

あれ？ ハルカちゃん、教養を身につけたいのでは？ もし、政治や経済について語りたいなら、最低、新聞くらいは読まなければいけないよ。

確かにそうですけど——。

それなら、文学や哲学、歴史の本なんかは読むことがある？

以前、源氏物語をマンガで読んだことはあります。イケメンの光源氏が様々な

美女と戯れるってやつ。それと歴史ならば、戦国もののバトルゲームをやったことがあります。それと文学者をキャラ化したマンガも。先生、これではダメですか？

う〜ん。

先生、そんなに頭を抱え込まないでください！　私、何だか不安になってしまいます。

ハルカちゃん、最近まとまった文章をきちんと読んだことがないのかな。

だって、面白くないし、すぐに頭が痛くなるもの。マンガやアニメ、ゲームの方が面白いのに、なんでわざわざつまらないものを読まなければならないんですか？

あっ！　分かった！　私に足りないのはきっと読解力なんだ！

やっと分かったね。読む力がないから、新聞も教養書も楽しめないし、その結果、深い教養が身につかない、だから、話していても人間的な深みを感じさせることがない。教養のある人との会話が続かない。

先生、何もそこまで――。

多くの書類から必要な情報を正確に読み取り、それらを活用することもできないし、自分で本を買ってきて学習することも困難だから、様々な試験に合格することもできない。

あっ！　先生、どうしてそこまで分かるんですか！　実は今度社内で昇進試験があるんです。それに、資格試験も受験してスキルアップしようと思っているし。机の上には上司から読んでおけといって渡された書類が山積み。

教養がないから、話をしていても、話題はグルメとダイエットと旅行とファッション、そして、噂話と異性の話。

せ、先生！　それ以上言わないでください。

悪かった。でも、ハルカちゃん、「読む力」ってこんなに大切なんだと分かってもらいたかったんだ。

先生、もう十分分かりました。「読む力」は大切なものだし、私にとって何よりも欠けているものだって。だから、責任を取って、私に「読む力」をつけてください。ハルカの最後のお願いです。

何の責任かよく分からないけど、本当は僕のこの講義シリーズの本は「読む力」から始めた方が良かったかもしれないね。数多くの文章を論理的に読むことで論理力が身につくし、その結果自ずと記憶力もアップし、論理的に考え、話し、書くこともできるようになる。そういった意味では、「読む力」は論理を習得するための出発点でもある。

先生！　なぜ最初からそう言ってくれなかったのですか？

だって、ハルカちゃんが最初に「記憶術」を身につけたいって言ったから。次に「書く力」、そして、「話す力」「考える力」と、ハルカちゃんから頼まれたから、それを教えただけだよ。

それはそうですけど――。

でも、最後に「読む力」を身につけたなら、「記憶術」「書く技術」「話す技術」「考える技術」も同時に大幅アップ！　実は論理が分かれば、「読む」「記憶」「書く」「話す」「考える」が全部身につくし、どこから始めても論理力が養成されるから、必要なところから始めればいいんだ。

何だ、どこから始めてもいいんですね。でも、「読む力」だけは必須だと思います。特に教養を身につけることで、才色兼備を目指すハルカとしては。先生、早く「読む力」を身につける方法、ハルカに教えてください。

読解力こそ、新しい時代に生き残るための武器

今、世の中が大きく変わっていっているのって、実感があるかな？　文明開化に匹敵するほど、これから社会が大きく変革していく。

はい。これからはＡＩとロボットの時代だと聞いたことがあります。そのうち人間の仕事の大半がＡＩに取って代わられるって。でも、何だか実感がなくって。

たとえば、保険会社の売り上げの大きな割合を占める自動車保険。これからは自動運転が標準装備されていくだろうから、今のような自動車保険は売れなくなる。

あっ、そうか。そうしたら、保険会社の人たちの仕事がなくなってしまうかも。

自動運転が可能になったのはＡＩが発達したからだよ。今大手銀行が大リストラを敢行しようとしているけど、これも窓口業務のほとんどをＡＩが代行するようになるからだよ。

先生にそう言われると、何となく不安になりました。今の私の仕事もやがてＡＩに奪われてしまうかも。

たとえばアマゾンで本を買ったなら、購入履歴からその人が関心を抱きそうな本が自動的に紹介される。ネットで購入すれば、書店に足を運ぶこともなく、本が自動的に手元に届くようになる。もし、自動運転が完全なものとなって、運転手がいなくても目的地まで本を届けることができるようになれば、運送業者も必要がなくなる。

大変！　人間の仕事がなくなってしまうわ。

今後は自動翻訳機もＡＩによってほぼ完全なものになると言われている。三十カ国語の言葉がほぼ完璧に翻訳できる翻訳機が普及しだすと、外国語の先生も職を失う人が増えるかも。

先生、そんな時代に生き残るためには、ハルカはいったいどうしたらいいのですか？

答えは簡単だよ。コンピューターが不可能なことを人間がするわけだから、そうした技術を持った人間だけが仕事を奪われることがない。あるいは、コンピューターを使って新しいことを生み出せる人も大丈夫だ。

私の今やっている仕事、たぶん全部コンピューターが代行できると思います。私、どうしたらいいのかしら？

コンピューターが得意なことって、何だと思う？

え〜と、たぶん計算かな。それと記憶だと思います。どんなに頭が良い人がどれほど努力したって、計算と記憶ではコンピューターに勝てないもの。

ところで、高校卒業までどんな勉強をしていた？

う〜ん、結構中学受験・高校受験・大学受験と経験したから、先生が「これが出る！」といったものを一生懸命覚えたり、算数や数学は苦手だったから、解

法パターンとやらを頭に入れたり、ひたすら計算練習をしていました。結果的にはほとんどの受験は失敗したけれど。

だから、勉強とは記憶と計算と思い込んでいたんだよね。

だって、塾の先生が数学も暗記だと宣言していたもの。あっ！　私が今まで努力して身につけたものって、そのほとんどがコンピューターの仕事になってしまう！

では、逆に、コンピューターができないことって何だと思う？

う〜ん、そんな難しいこと、私に聞かないでください。あっ、一つ思いつきました。キャバ嬢の仕事！　そうか！　ＡＩが支配する世の中になっても、ホストやキャバ嬢の仕事は不変。私もまだ若いうちにキャバ嬢に仕事を変えようかな。う〜ん、私の年齢ではもう手遅れかしら。

でも、オタクの人は生身の女性よりもゲームやアニメの女性の方に夢中になるかもしれないし、将来人間と同じような肌を持ったロボットが登場するかもしれない。ロボットの方が面倒くさくなくて、しかも、美人だから、わざわざ高いお金を出してキャバクラに行かないかもしれない。

でも、中には面倒くさい人間の女性の方が好きだって思う人もいるかも知れません。蓼食《たで》う虫も好き好きだし。

あっ、そんなことを議論するつもりではなかった。確かにＡＩではできないことはたくさんあるかもしれないけれど、もっと身近なもので人間にしかできないものってあるんだ。

先生、もったいぶらないで、早く答えを教えてください。

文章を読解することだよ。

えっ、読解力。

所詮コンピューターは計算をすることしかできない。コンピューターは言語で動くけれども、コンピューターが使う言語は二進法のコンピューター言語。つまり、ＡＩは人間が使っているような自然言語を理解できないってわけだ。

先生、まだよく分かりません。ハルカにも分かるように説明してください。

うん。たとえば、「愛」という言葉。コンピュータは「愛」という言葉の辞書的意味は解読できるけど、その言葉が持つ内実を理解することはできないんだ。

でも、パソコンでは今や文脈から判断して、「あい」と打てば「愛」と漢字に自動変換できるではないですか？

自動変換はあくまでひらがなを漢字に置きかえるだけで、コンピューター自体がその深い意味を理解できているわけではない。「愛」という言葉一つとっても、それを使う人やその時の状況などで様々な意味になることがあるけれど、人間はその意味をその時々で読みとっている。

それが読解力ね。

キャバクラに通い詰めている男が隣の席に着いたキャバ嬢を口説こうと、誰彼かまわず「愛している」と言ったときの「愛」と、この人と一緒になれなければ死のうとまで思い詰めた人の「愛」とは当然まったく別個の内実を持っている。

先生、今日、やたらとキャバ嬢の例が多いですけど、何かあったのですか？

い、いや、たまたまだよ。

でも、たしかにそうですね。コンピュータは「愛」という言葉を記号的に読みとるだけで、本当の深い意味を理解することはないと思います。あっ、だから、AIは文学を理解することは不可能なんだ。

うん。文学や哲学は計算することができないから。もちろん、エンタテインメント小説なんかで、売れそうな粗筋をコンピューターに作らせることは可能かもしれないけれど、深い意味を読み取ることはできない。そういった意味では、読解力は人間だけのものなんだよ。

先生！　私、読解力を身につけます。AI時代に、私は生き残ってみせます。

人間の魅力っていろいろあるけれど、容色は年とともに衰えていく。でも、教養のある人って話をしていても楽しいし、刺激を受けることも多いから、もっと触れていたいと思う。しかも、そうした教養は年齢とともに逆に高まっていく。

そうか！　私に足りないのは教養なのね。

その教養は多くの書物を読むことで身につくのだから、やはり「読む力」、読解力があるかどうかが大きいんだ。読解力のない人がどれほど本を読んだって、その深い意味を理解できないから教養が身につくはずもないし、第一面白くないから、読書の習慣が結局はものにならないんだ。

分かりました。あと「読む力」さえ手に入れたら、私はきっと才色兼備の、しかも教養溢れる最高の女性となって、仕事もうまくいく、恋愛も結婚生活もうまくいく！　そんな私の未来が目に浮かんできます。教養溢れる私を夫も子どももリスペクトしてくれるはずだから、最高の人生が送れる。先生、私、ＡＩには負けません。

まあ、動機はともかく、これから本物の読解力を手に入れる方法を教えていこうか。

はい！　先生、よろしくお願いします。

第１章のポイント

- 教養を身につけ、魅力的な人になるためには、新聞・文学・歴史・哲学などを深く読みとる必要がある。
- 資格試験・社内試験などに合格するためには、まず読解力を鍛えることが大切である。
- 読解力を訓練することで、「考える力」「記憶する力」「話す力」「書く力」などが同時にアップする！
- ＡＩ時代には、読解力こそ最強の武器となる。

第2章

自分を殺す技術

こんなポーズとか知的かしら…！
クイッ
老眼かな？

なぜ読解力が身につかないのか

中学生・高校生の頃、国語に対してどのようなイメージを抱いていたでしょうか？

国語は曖昧なので、答えが明確に一つである理系を選んだという話をよく耳にすることがあります。あるいは、国語の勉強の仕方が分からない、勉強したところで、それに見合う成果が得られない、所詮日本語だから勉強しなくとも何とかなると思っていたかもしれません。

結局、誰もが文章を自分の好きなように解釈しているから、どれだけ国語の勉強をしたところで、それに見合うだけの成果が得られなかったのです。社会人になった今でも、事情は学校で国語の勉強をしていた頃と、何ら変わりはありません。そうした主観的な読解から論理的な読解へと切りかえるためには、まず自分を殺す技術を身につけなければいけないのです。

今は情報化時代ですが、実は私たちが自分に必要な情報を選んでいるのではなく、向こうから勝手にその人が望んでいる情報が集まってくるのです。その結果、それ以外の情報が目に入らなくなります。そうやって、向こうから集まってきた情報を主観的に解釈して、自分は正しいと狭い世界の中に閉じこもっているのが現代人のありようではないでしょうか。
もっと広い世界に触れ、それを客観的に理解するためには、自分を殺す技術を身につけ、本物の読解力を手に入れる必要があるのです。

先生、ところで、「読む力」に最も必要なものはいったい何ですか？

ズバリ！　「自分を殺す技術」！

えっ？　えっ？　自殺しなければいけないのですか？　先生！　私、まだ死にたくありません。花の乙女の命は短しと言っても、私の青春はまだまだ残っているし、これから激しい恋をして、素敵な結婚をして——。

ハルカちゃん。ちょっと待って。「自分を殺す技術」とは、何も自分で自分を本当に殺してしまうという意味ではないんだよ。

なんだ、ああ、良かった。

ハルカちゃん、中学や高校時代、国語はどんな勉強をしていた？

はい。国語の先生が本をたくさん読めとおっしゃったので、とにかく本をたくさん読んでいました。確かにマンガが多かったけど、中にはライトノベルや恋愛小説も読んだことがあります。それから、これも先生に言われて、問題集を片っ端から解いていきました。それと新聞の巻頭随筆や社説を毎日まとめたらいいって。これも先生からのアドバイスです。

それで、国語の成績は上がった？

う～ん、少しは上がったかもしれない。でも、成績のムラが多かったと思います。調子のいいときは突然偏差値が10も上がったかと思うと、次の回は10下がったり

して。それに本をたくさん読んだり、文章をまとめたりって、膨大な時間がかかるし、自分がまとめた文章が正しいのかどうかも自分で判断できなくて。

おそらくそうだろうね。特に小説問題が出たら、高得点を取れた時とそうでない時と、ムラが大きかったのではないかな？

先生、どうして分かるのですか！　やっぱり先生は予言者です。

それはハルカちゃんが自分の好きなように読んでいるからだよ。そして、好きなように答えているから、どれだけ国語に時間をかけても合ったり間違ったりの繰り返しだ。

えっ！　文章って、好きなように読んではいけないのですか？　それって、なんだか一定の読み方を強制されるみたいで、あまり面白くありません。

国語の先生は「どうすれば成績が上がるのですか？」と聞かれた時、大抵は次の三つの答えを持ち出すことが多いんだ。「本をたくさん読みなさい」「問題をたくさん解きなさい」「文章をたくさんまとめなさい」ってね。

あっ！　私の中学・高校のときの先生がまさにそうです。

でも、これって、結局は教えることの放棄じゃないかな。どう読むのか、どう解くのか、どうまとめるのか、自分は教えられないから、生徒が自分で多くの本を読んだり、問題を解いたり、文章をまとめたりすると、もしかすると成績が上がるかもしれないとアドバイスする。

確かにそうかも。

でも、ハルカちゃんのように、結局、成績にムラが起こるだけで、ほとんど国語力が付くことはない。小学1年から高校卒業まで国語にかける膨大な勉強時間を無駄にしてしまっている。

「ああ、膨大な無駄な時間を返して」って、思わず大声で叫びたくなりました。

でも、どうして先生はきちんと教えてくれなかったのかな？

教えてくれなかったのではなく、教えられなかったのだよ。国語の先生は大抵大学の文学部出身で、子どもの頃から本が好きで、その読書体験から何となく問題を解けるけど、それを生徒に教えることはできない。だから、自分がそうしたように本をたくさん読めとアドバイスをするしかない。先生自身も自分がどう読んだのか分析できないし、生徒が自分と同じだけの読書体験を持っていないという事実に気がつかない。

きっと先生も文章を完全に理解しているのではなく、何となくしか理解できていないのだと思います。

そうだね。教科書には「学習指導書」といって、解説書が付いているのだけど、そこにはどのように読んだらいいのかについてはまったく書いていないんだ。

ああ、それでは「読む力」＝「読解力」って、学校では教えてくれないから、自分で何とかしなければいけないんだ。先生、何とかしてください。

では、何とかするようにしようか。

人間は主観から自由になれない

前にも言ったように、人間は自分の主観から逃れることができなかったね。

はい、『「最強！」の論理的に考える技術』でそう習いました。

たとえば、大勢の人たちの前で講演するとき、よく「僕はひとりであって、同時に無数に存在するんだ」って思うことがあるんだ。

先生、またおかしいことを言い始めました。

肉体を持った僕は確かに一人しかいないけれど、僕の話を聞いている人たちが見ているのは網膜に映った僕の映像に過ぎない。当然ひとりひとりの網膜に映った映像は同じではない。

でも、人間の網膜にはそれほど個人差がないような気がします。

確かにそうかも知れないね。でも、「見る」という行為は網膜で映った映像を脳で認識する行為だよ。たとえば、僕を直接知っている人はその時の記憶に重ねて、講演をしている今の僕を見ている。僕の映像講義を受けていた人はその時の記憶に重ねているし、僕の本を読んで何らかのイメージを既に抱いている人は、それに重ねて僕を見ている。当然何の予備知識もなく今の僕を見ている人とは、別個の僕を見ていることになる。

だから、人間は主観から自由になれないんだ。

その通り。「見る」という行為でもひとりひとり主観的に見ているわけだ。「読む」という行為は、活字から一つ一つ意味を読みとっていくのだから、もっと脳に関わる分だけ、より主観的になるはずだね。

それが好きなように文章を読むってことなんですね。

そのことを言語学者の外山滋比古先生は「人間は先入主から自由になれない」って書いている。

先生、「先入主」って、何ですか？

「先入観」＋「主観」の「主」かな。人はその先入主を通して文章を読んでいるから、それが文章を覆い隠してしまう。つまり、先入主が文章に遮蔽《しゃへい》をおこすから、文章には光と影の部分ができて、すべてを読みとったとしても、私たちは光の部分だけを意識に残して、陰の部分は意識に残らない。

同じ文章を読んでも、ひとりひとり「先入主」が異なるから、それぞれ別のものを読みとってしまうのですね。

それだけではないよ。「先入主」は絶えず変化しているから、同じ人が読んだところで、同じ文章からその時々で別個のものを読みとっている。例えば同じ恋愛小説でも、朝読むのと夜読むのとは別個のものを読みとっているかもしれない。

そうか！　朝と夜とでは気分が異なるから、先入主も異なってくるもの。朝は爽やかでさあがんばるぞって気分だから、恋愛小説にのめり込めないけど、夜はロマンチックな気分で夢中になって読んでしまうかもしれない。

高校時代に漱石を読んでも何だか退屈なだけでピンと来なくても、大人になって改めて読んでみるとずしんと胸に響いて、感動することがあるんだけど、これも経験を積むことで先入主が変化し、かつて陰になっていた部分が今度は光となり、同じテキストから別個のものを読みとったからなんだ。

先生、人間は主観から逃れられないという意味、やっと分かりました。では、どうすれば客観的に読むことができるようになるのですか？

自分の意識で読むのではなく、筆者の意識で読めばいいんだよ。

他者意識ですね。

おっ、よく分かったね。自分の意識で文章を読むと、どうしても先入主を通して読んでしまう。だから、筆者の立てた筋道を読みとっていけばいいんだ。筆者は不特定多数の読み手に対して、筋道を立てて文章を書いている。だから、その筋道を追っていけばいいわけで、それが論理的読解なんだ。そのためには主観的な自分をいったん括弧《かっこ》に括《くく》らなければいけない。

それには一定の訓練が必要なのですね。

ハルカちゃん、国語の成績にムラがあったといったよね。

はい。先生が文章を好きなように読んでいたからだって。

うん。でも、それだけではないんだよ。設問を解くときも同じように好きなように解いている場合があるんだよ。

では、例を挙げようか。内容一致問題で「最も適切なものを答えよ」という設問があるとしよう。

あっ、それ、国語の問題でよくやりました。

絶対に正しいものが選択肢の中にあるって、思ってなかった？

えっ！　そんなの当たり前です。正しいものが選択肢の中に一つあるから、それを答えなさいっていう問題だもの。

でも、その選択肢は全部、出題者という人間の作文に過ぎないんだよ。もちろん優秀な出題者もいれば、中にはいい加減に作っている出題者もいるかも知れない。

確かに出題者も人間であって、神さまではありません。では、どう解けばいいんですか？　ますます頭がこんがらがってきました。

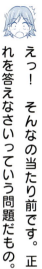

どの選択肢も人間が作った作文に過ぎないから、その中に絶対的な正解はない。でも、その選択肢は出題者が意図的に作ったものだ。たとえば、ウは正しい選択肢として意図的に作ったとすれば、その意図は客観的に読み取ることができる。他の選択肢は間違った選択肢として意図的に作ったものだから、必ずどこかに間違いの箇所を入れてある。その出題者の意図は客観的に読み取ることができるわけだ。

確かに選択肢の中に本文のキーワードを巧みに入れ込んでいたり、逆にキーワードの対義語を使っていたりすることがありました。

国語の問題を解くときは、筆者の意識で文章を読み、出題者の意識で設問を分析することで、その時、二重の意味で主観的な「私」をカッコに括ることになるんだ。

う〜ん、私は好きなように文章を読み、好きなようにそれを解釈し、行き当たりばったりに設問を解いていました。だから、どれだけ国語の勉強をしても、合ったり間違ったりの繰り返しで、成績が上がることはなかったです。先生、今までの膨大な国語の学習時間を返してほしいです。

今からでも遅くないよ。国語、特に現代文の問題を解くということは、社会人が読解力を獲得するために、最も確実で、最も有効な方法だから。そのことで、自分を殺す技術を身につけていけばいいんだ。

では、一つ、問題を出そうか。

【例題1】

ある戦争映画で、主人公が襲撃した村人たちを虐殺したり、女性や子どもを連れ去ったりするシーンがありました。戦争という極限状態の中で、狂気の主人公が何とも言えず残忍で愚かに見える名シーンです。

問　次の（①）の中に肯定か否定かを、そして、（②）の中には右の文章から適切な言葉を抜き出しなさい。

傍線部の「シーン」に対する筆者の「立場」は（①）である。それは（②）という言葉から判断できる。

先生、こんなの簡単すぎます。

ほおう、では①の答えは？

もちろん、「否定」に決まっています。だって、「狂気の」「残忍で」「愚か」と否定的な言葉がたくさん並んでいます。だから、②の答えは、あれ？ たくさんあります。

残念だけど、①の答えは「肯定」だよ。

えっ？ だって、否定的な言葉をいっぱい使っていますよ。

まず「狂気の」は直後の「主人公」を説明する言葉だね。では、「残忍で愚かに見える」の主語は？

え～と、「主人公が」です。

つまり、「狂気の」「残忍で」「愚か」はすべて「主人公が」を説明した言葉だよね。でも、設問は傍線部の「シーン」に対する筆者の「立場」だよ。

あっ！

筆者が傍線部のシーンに対して、肯定の立場か否定の立場かだ。すると、本文末尾に「名シーン」ってあるから、筆者は主人公に対しては否定的だけど、このシーンに対しては肯定的だと分かる。だから、①は「肯定」で、②は「名シーン」。

う〜ん、言われてみれば確かにそうだけど、何だか欺《だま》されたような気がします。

ははは、ハルカちゃんの気持ちは分かるけど、人がいかに主観的に読んでいるかを分かってほしかったからなんだ。自分の意識で読んでいると、「狂気」「残忍」「愚か」という言葉から思わず「否定的」と思い込んでしまうことになる。

筆者は自分の伝えたいことを正確に分かってほしいと、日本語の規則に従って文章を書いている。自分の主観で文章を読むのではなく、筆者が駆使した日本語の規則に従って読んでいかなければならない。筆者は主人公に対しては「狂気の」「愚かに見える」と否定的だけど、このシーンに対しては「名シーン」としている。

分かりました。私たちは無意識のうちに、先入観を抱いて文章を読んでいるのですね。だから、筆者の立てた筋道＝論理や日本語の規則に従って文章を正確に読んでいかなければならないのですね。何となく分かってきました。

それは良かった。焦らなくても、これから徐々に分かってくるから、大丈夫だ。

作者の世界と対峙する

今の情報化時代は、自分の主張を補強する情報しか目に入らないって、『「最強！」の論理的に考える技術』で習いました。

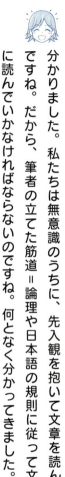

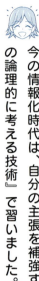

おや、よく覚えていたね。

SNSなんかでは、右寄りの人のもとには右寄りの情報ばかりが集まり、左寄りの人には左寄りの情報ばかり集まるから、お互いに自分達が正しくて、相手が間違っていると感情的になりやすいって。

うん。僕は右とか左という分け方は好きでないけど、説明の便宜上使うと、読書でも同じことで、右寄りの人は右寄りの本ばかり読んで、やっぱり俺は正しかったと確信する。左寄りの人も事情は同じで、そうなるとお互いに相手を攻撃するばかりで、最悪の場合は戦争や虐殺やテロが次々と勃発する。

世界中がヒステリックになっているのが、今の情報社会ですね。

だから、自分を殺す技術が必要となる。自分の側から見たらこうなるが、相手の視点で同じものを見たならばどうだろうと、いったん冷静に考えてみることが必要だ。そして、どうやったら、折り合いが付くかを考える。

今のネット社会って、何だか自分の主張を感情的に泣き叫んでいるだけのような気がします。

今の大人たちは他者意識もなく、論理も身につけないまま、いきなりネット社会に投げ入れられてしまったから、自分の書いた文章が不特定多数の他者に晒されているという事実さえ意識しない。でも、これからの時代を生きていく人たちがいつまでもそうであってはいけない。

文章を書くときは、他者意識を持って、不特定多数に向かって論理的に文章を書けって、すでに学習しています。

さすがだね。でも、読書をするときも同じで、自分を殺して読まなければいけないんだよ。

自分を殺す読書？　何だかおどろおどろしい気がします。

ハルカちゃん、中学か高校生の時、読書の時間ってなかった？

あっ、ありました。毎日朝学習といって、授業が始まる前の20分くらいが読書の時間に充《あ》てられていました。

読書の習慣を付けるのはとてもいいことだね。でも、自分を殺す技術を身につけなければ、いくら多くの本を読んだところで、あまり自分を成長させることができないんだ。

先生、私の読書の時間も無駄だったのですか？

正しい読み方をしていれば、読書は本当に有効だよ。でも、読み方が間違っていれば、本来得られる成果の半分も得ることができない。

先生、それ、どういうことですか？　本当に気になります。

そうだね。ハルカちゃん、夏目漱石の『それから』って、読んだことはある？

あっ、主人公が不倫をはたらく作品ですね。面白そうって本屋で文庫本を手に取ったけど、最初の数ページを読んだだけで、何だか難しそうって、棚に返してしまいました。

最後まで読んだら、凄い本だよ。主人公の代助が親友の妻を奪いとってしまう話だ。

やはり不倫の話なんですね。先生、不倫はいけません。ましてや、相手は親友の奥さんなんだもの。

でも、作品の舞台は明治末で、その当時は姦通罪があったんだ。不倫をするということは、生涯社会から葬られることで、代助はそれを承知で愛を選び取ったんだ。

今流行りの不倫とは随分違うのね。

漱石の作品なら、明治末から大正時代が舞台。当然、現代人の価値観や生活感覚とは大きく異なっている。それなのに、どんな作品を読んでも、今の価値観や生活感覚から好きだ嫌いだと判断する。

そう言えば、私の友だちも漱石を読んで、「あれ、暗い」の一言で終わっていたもの。

まずは自分の価値観や生活感情があって、それに合う作品を読んで面白いと感じ、それに合わないものはつまらないと切り捨てる。そんな読書体験をいくら積んだところで、結局、作品を読むことが自分と自分との対話でしかなくなっている。

自分と自分との対話か。何だか耳が痛いです。

だからこそ、自分を殺す技術が必要になるんだ。自分をいったん殺して、作品と対峙することで、初めて作者と自分との対話が成立する。もちろん、漱石ならば、私たちが生きている時代の価値観とはまったく異なるわけで、そうした作品を自分を殺しながら、正確に、深く読みとる。そのことで、自分の世界が広がったり、深まったりする。それが読書の最も大きな効用なんだよ。

漱石との対話ができたら、何だか素敵です。それなのに、今まで何を読んでも自分の価値観に照らし合わせて、好きだ嫌いだで終わっていたなんて、とってももったいない気がしてきました。

僕が昔高校の講師をしていた頃の話をしようか。国語の授業で森鷗外の『舞姫』を取り上げたのだけど、最初に読書感想文を生徒たちに書かせたんだ。

あっ、『舞姫』って、高校3年の教科書に掲載されていた作品ですね。確か太田豊太郎がドイツ留学先で、踊り子であったエリスと愛し合い、出世か恋愛か、二者択一を迫られて、結局、出世を選んでエリスを捨てて帰国する。豊太郎って、女性から見れば最低の男です。

豊太郎は当時新帰朝者といって国費で留学し、帰国後近代化を推進する使命を帯びていたんだ。明治の知識人はまだ半ば封建人で、個人よりも国家や家の方が重い。封建時代の武士たちは藩や家のためには切腹もするし、結婚は家と家とが決めることが多い。

そういった意味では、豊太郎はひとりの女性を捨てるために苦悩した最初の近代人とも言えるんだ。

私も今の価値観で捉えて、豊太郎は許せないと思っていました。かえって豊太郎にエリスと別れて帰国することをすすめる相沢謙吉の方が男らしくて素敵って。

相沢謙吉は別に男らしいわけではなく、まだ半ば封建人だから、彼なら国家のためならいとも簡単に女を切り捨てる。だから、豊太郎の苦悩が理解できず、さっさと関係を断ち切れとなる。

実は感想文の一つに、未だに忘れられないものがある。クラス委員をしている非常に優秀な女生徒だったんだが、それには豊太郎は女の敵であると書いてあった。

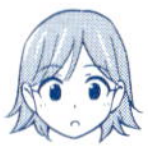

それ、分かります。私も先生のレクチャーを受ける前なら、きっとそう思ったに違いないわ。

まあそこまでは僕も予想していたが、豊太郎よりももっと許せないのはエリスだと書いてあった。エリスは悲劇のヒロインだから、これにはさすがにびっくりして、どうしてかと思わず読み進めたんだ。

先生、どうしてエリスが許せないのかしら？

豊太郎が女の敵ならば、エリスは女の恥だと書いてあった。

女の恥？　よく分かりません。

つまり、自分ならば男を見る目があるから、豊太郎のような男を選ばないだろうし、仮に目がくらんで豊太郎と付き合うことがあったとしても、自分から別れを告げて、あとから慰謝料を請求するって。

慰謝料！　その当時、慰謝料って、あったのかしら？

さあ、それは分からないけど、たぶん彼女は当時女性はもっと自立しなければならないといった意識を強く持っていたのではないかな。

あっ、自分の価値観や生活感情から、明治の頃の新帰朝者である豊太郎を断罪したんだ。確かにそれだと何を読んでも結局自分の価値観が変わることなんかありません。

うん。結局、自分の好きな作家の作品を好きなように読んで、自分の価値観に当てはめているだけなんだ。それでは本当にもったいない。

だから、自分を殺して、大きな作品に対峙せよ、ってことなんですね。

僕が大学生の頃、担当教授から一番嫌いな作家は誰ですかって、聞かれたことがあるんだ。

先生が嫌いな作家って、誰かしら。

あの頃の僕は、いや、今でもそうだが、典型的な文学青年で、感覚人間だったんだ。だから、自分に合う川端康成や梶井基次郎、太宰治ばかりを読んでいた。その時、ふと脳裏に浮かんだのが森鷗外だった。森鷗外は知的で、重厚な作風で、感覚的な文学とは対極にある作品を書いていた。

で、どうなったのですか？

担当教授は僕に卒業論文のテーマを森鷗外にするように命じた。それから僕は大学院の博士課程を修了するまで7年の間、嫌いな森鷗外を研究し続けた。その結果、感覚的な体質は今でも変わりはないけど、それに加えて論理的な物事の捉え方ができるようになり、今の僕が出来上がったわけだ。

先生の世界が広がり、深まったわけですね。私も森鷗外を読んでみようかしら。そろそろマンガやゲームは卒業しなくちゃ。

頭の中を論理で整理する読み方

読解力と一口に言っても、新聞や哲学や歴史書、ビジネス書、新書などを読む場合と、文学作品などを読むのとは基本は同じであっても、やはりそれぞれ読み方が異なる点がある。そこで、次の第3章では、論理的な文章の読解法、第4章では思考力を鍛える読解法、第5章では文学作品などを読むことで教養を深める読書法について紹介しよう。

いよいよ実践的な講義が始まるのね。何だかワクワクします。

その前に一つ、大切な話をしよう。

先生の話はいつも前置きが多すぎます。

そうかも知れないね。では、あと一つだけ。大抵の人は文章を読んだ気になっているだけで、実はあまり頭の中に入っていないんだよ。

ぎくっ。何だか思い当たる節があります。

昔東大や京大を志望する優秀な受験生に講義をしていたことがあったんだけど、その時、評論の問題文を5分間で読ませて、ひとりの生徒を指名し、「何が書いてあったか、みんなに分かるように説明してごらん」と言ったんだ。「みんなに分かるように」とは、他者意識を持って説明しろっていうことだったんだ。

わあ～、私ならば緊張して答えられません。

非常に成績が良く、プライドの高い生徒だったので、「何となく分かっているけれど、うまく説明できません」と答えたんだ。「説明できないということは、分かっていないということなんだよ」と言うと、生徒は黙ってしまった。

何となく分かっているというのは、頭の中で内容が整理できていないということだ。自分でも理解できていないことを、人に分かりやすく説明することなんて、到底不可能だ。でも、選択肢があれば、何となく正解を導き出すことができる。でも、記述式問題だと、何をどう書いていいのか分からない。

私は、何となく文中の言葉を抜き出したり、それらをつなげて文章を作ったりしていました。

そうだね。大抵の受験生はそうやって記述式の答えを書いている。でも、それって、理解していないってことじゃないかな。自分の頭の中で内容を理解していないから、人に説明したり、言語化したりすることができない。

確かにその通りです。だから、私、記述式問題を見ただけで、もうお手上げって、思っていました。

予備校なんかで、記述式対策の講義をよく行っているけど、何となくぼんやりと分かっているような読み方をしていたなら、いくら練習を積み重ねたところで、何の効果もない。文章を論理的に読むから、その内容を論理的に頭の中で整理できるし、それを人に説明したり記述解を作成したりと、正確に言語化できる。そういった読み方をしていたなら、特別に記述式対策の講義なんて必要がないんだ。

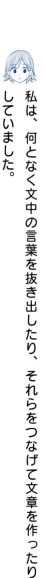

結局、論理なんですね。すべてが論理なんだと、ようやく納得してきました。

今の中学生・高校生は文章を読んでも本当は理解していないし、そのことにすら気がついていない。それでも国語の成績でそこそこの成績を取っているのは、選択肢がある場合何となく正解を導き出せるし、記述式の問題でも文中の言葉を何となく抜き出して誤魔化しているからだ。でも、ほとんどの受験生がそのようなやり方だから、極端に悪い偏差値にはならないんだ。

あとは先生に「これ覚えておきなさい」と言われたものを一生懸命に覚えるだけで、実際は本当の読解力なんてみんな持っていなかったんだ！　そんな勉強をしたって、全部ＡＩに仕事を奪われてしまうだけなのに。

たとえば、センター試験はすべてマーク式だから、文章を理解できていなくとも、５つの選択肢のうち２つまでは簡単に絞れる。すると、勘で答えたところで、正答率は５割。ところが、センター試験の現代文の平均点は５割台なんだよ。

えっ！　ということはほとんどの人が読解力がゼロってことなんだ！　私も偏差値が50くらいだから人並みって安心していたけど、このままだったら、将来AIに仕事を奪われてしまったかも。本当に怖い！

今の話は受験生についてだけど、社会人に対しても同じことが言える。どうでもいい情報を読みとるならば何となくといった読み方でも別段問題は起こらないかもしれないが、大切な文章や難解で深い文章を読みとるときは、人に説明できるレベルで論理的に読んでいかなければならない。仕事が本当にできる人はみんなこうした読解力を手に入れている人たちばかりなんだよ。

人に説明できるレベルの読解力か。それができたら、文章を読めば読むほど論理力が鍛えられ、頭が良くなっていくような気がします。

仕事の上でも、勉強をするときでも、読んだつもりで実は全然理解できていなかったならばとても悲しいよね。理解していないから、それを使いこなすこともできないし、人に説明することもできない。そして、あっという間に頭の中から消えていく。しかも、自分は読んだつもりになっていて、その文章を理解できていないっていう自覚すらない。

先生、それ、私のことかもしれません。今まで文章を読んでいるつもりでも、実はきちんと読んでいなかったとしたら、こんな無駄なことはありません。先生、どうか私に論理的な読解法を教えてください。お願いします。もう一度受験生に戻ったつもりで、一生懸命がんばります。

うん、では、ようやく本題に入っていこうか。ハルカちゃんはすでに「最強！」シリーズで論理のことは学習しているから、今度はそれを「読む技術」に当てはめればいいだけだ。でも、一定量の練習をしなければ、なかなかそれを体得するまでにはいかないね。なるべく具体的な問題を通して、練習していこう。

はい！　よろしくお願いします。

第2章のポイント

- 自分を殺す技術＝他者意識を身につけよ。
- 先入主が文章に遮蔽を起こすから、文章には光と陰の部分ができる。
- 国語の問題を解くときは筆者の意識で読み、出題者の意識で設問を分析せよ。その際、二重の意味で主観的な「私」をカッコに括ることになる。
- 文学作品を読むときは、自分を殺すことで、作者と自分との対話が初めて始まる。
- 人に説明できるレベルで、論理的に読む必要がある。

第3章

論理的に読む技術

実にいい本だったわ
すごく大切なことを教わった気がする
どこがどうとは言えないけど

筆者の主張は論証責任を伴う

いよいよ本格的に読解力養成の練習に入っていきます。この章は本書の中核となるものですから、しっかりと理解してください。

筆者は不特定多数の読み手に対して文章を書いたのですから、必ず筋道＝論理を駆使しているはずです。そこで、筆者の立てた筋道を追っていくのですが、そうした論理は単純な原則から成り立っています。

すでにこのシリーズでは何度も説明した「要点と飾り」「イコールの関係」「対立関係」「因果関係」、この４つの原則・規則を今度は文章を「読む」に活用すればいいだけです。もちろんこのシリーズの中で本書を初めて手にした人にも分かるように、基本から説明していきます。すでにこのシリーズで論理を理解した人は、最も肝心なものなので、再度深いところでの理解に努めてください。

論理的に読むことで論理力を身につけたなら、それを「記憶」「思考」「話す」「書く」に応用していけば、さらに実践的な論理力を鍛えることになるのです。本章は繰り返し読んでほしい内容です。

では、始めるよ。まず基本的なことから始めよう。新聞や文学書以外の様々な本の目的は何だと思う。

えっ？　え〜と、何か伝えたいことがあるからかしら。

その通り。何も伝えたいことがなければ、わざわざ文章を書いたり、本を書いたりして、多くの人に読んでもらう必要なんかないよね。

そんなの当たり前です。

その伝えたいことを「筆者の主張」としよう。読み手は誰だか分からない、不特定多数の他者だ。筆者はその不特定の他者に対して、論証責任を果たさなければならない。

論証責任？

筆者はそう思っても、不特定多数の読み手は筆者と同じ考えとは限らない。仮に同じ意見だとすれば、それは常識だから、筆者はわざわざ文章にする必要はないし、読者もそんな本を買って読もうとは思わない。

ああ、そうか！　筆者が読者の知らない情報や、読者とは異なる情報を伝えたいから文章を書いたのだから、当然その主張は論証されなければならないのね。

うん。新聞や単行本、新書や文庫など、大抵は小見出しが付いているから、それが「筆者の主張」、それに対する地の文は論証と考えてもいいだろう。

前に述べたように、筆者の主張をあるがまま理解していることが、論理的な読解だったね。筆者の立てた筋道を無視して、自分の好きなように読んでいる限りは、真の読解力は身につかない。

本当に今までの国語にかけた膨大な時間を返してほしいです。でも、私はまだ若いから、これから本物の読解力を養成していけばいいのですね。

だから、この講義があるんだよ。

一文にも要点と飾りがある

『「最強！」の書く技術』でも話したと思うけど、文章はすべて要点と飾りとから成り立っているから、文章を書くときにはそれを意識することが重要だったね。

逆に、文章を読むときはその要点を素早く、正確につかむことが大切なんだ。

先生、一文を読むときも、やはり主語と述語を意識するのですか？

うん。一文の要点は主語と述語、それに目的語だったね。

　小鳥がかわいらしく鳴いている。

この一文で一番大切な言葉は何だと思う。

もちろん、主語の「小鳥が」と、述語の「鳴いている」。先生、こんなの簡単す

ぎます。

そうかな。この問題を小学生に出したところ、ほとんどの小学生が「かわいらしく」と答えたんだ。

あっ！　確かに「かわいらしく」が一番目立った言葉で、印象に残ります。私は先生から一文の要点は主語と述語と、以前に教えてもらったからできたけど、予備知識がなかったら小学生と同じだったかも。そうか、だから、みんな日本語の規則に従って読んでいるのではなく、自分の感覚に従って好きなように読んでいるんだ。

そうだね。「かわいらしく」がなくとも、「小鳥が鳴いている」で文は成立するから、「かわいらしく」は「鳴いている」を飾っている言葉。でも、「小鳥が」がなければ、何が鳴いているのか分からないし、「鳴いている」がなければ、小鳥が何をしているのか分からない。

でも、これだけでは一文は成立しなかったね。なぜなら、主語の「小鳥が」と述語の

「鳴いている」は抽象概念で、「小鳥が」は世界中の小鳥を、「鳴いている」は世界中の「鳴いている」を表すものだから、目の前の生きている小鳥に対しては何一つ表現していないわけだ。

どんな複雑で、長い一文でも要点さえ押さえれば、簡単に分かるかも。あとは飾りに過ぎないもの。

固有名詞という名称がわざわざあるくらいだから、それ以外の言葉は基本的に抽象概念だと思っていいよ。そして、私たちが表現したいものは、基本的に具体的なものなんだ。

私たちは具体的なものを表現したいって、よく分かりません。

そうだね。たとえば、今ハルカちゃんは悲しいとしよう。その気持ちはハルカちゃんの気持ちだから、具体的だよね。

はい、私が悲しいだけで、他の人が悲しいわけではありません。

ところが、「悲しい」という言葉はすべての人間のある共通の気持ちを表現した言葉だから、抽象的なんだ。

あっ、分かりました。今、私が悲しいのは、私だけの具体的な思いなのに、「悲しい」という言葉は世界中の人の悲しい気持ちを表した抽象的な言葉だから、それだけでは表現したことにならないってことですね。

その通り！　だから、抽象的概念に飾りを付けて具体化する必要がある。それが表現ということなんだ。

「小鳥がかわいらしく鳴いた」という一文でも同じことで、今目の前には長年飼っていた愛すべき小鳥がいるとする。もちろんその小鳥はこの世で一羽しかいないし、その鳴き声もその小鳥だけのものだと言える。そういった意味では、今表現したいのは具体的なものであって、それを本来抽象的な「小鳥が」「鳴いている」という言葉で表現しなければならないから、具体的にどのような小鳥なのか、具体的にどのように鳴いたのかと、説明の言葉を付け加えなければならない。これらが飾りの言葉なんだ。

では、一つ例題を出題しようか？

【例題2】

次の文を十五字以内でまとめなさい。

激しい西風が目に見えぬ大きなかたまりをごおっと打ちつけては、また
ごおっと打ちつけて皆やせこけた落葉松の林を一日中いじめ通した。

長塚節『土』

わ〜、長い。先生、これ、本当に一文なんですか？

もちろん一文だよ。アララギ派の歌人で、自然主義の作家でもある長塚節の代表作『土』の中の一文なんだ。一文は要点と飾りとでできていたね。

あっ、そうか！　述語が「いじめ通した」で、主語は「何が」だから、「西風が」。目的語は何を「いじめ通した」のかというと、分かった、「林を」。

うん、「西風が林をいじめ通した。」が一文をまとめたもので、全部で十二字、ほら、スッキリしただろう？

確かにこれなら全然難しくない。

今、長塚節の脳裏には舞台となる光景がくっきりと浮かんでいる。その光景は世界でそこしかない具体的なものなんだ。ところが、「西風」「林」「いじめ通した」は抽象概念。

はい、もう、分かりました。だから、具体的な説明を付けることで、抽象概念を具体化したのですね。

そうだね。「激しい」→「西風が」、「落葉松の」→「林を」、「目に見えぬ大きなかたまりをごおっと打ちつけては、またごおっと打ちつけて」→「いじめ通した」、「一日中」→「いじめ通した」と、具体的な説明＝飾りを付けることで、抽象概念が具体性を帯びて生き生きと読者の脳裏に浮かび上がってくる。これが表現するってことなんだ。

でも、言いたいことは、「西風が林をいじめ通した。」に過ぎないんだ。先生、『土』の文章、次も読んでみたくなりました。長塚節がいったいどんな表現するのか、興味が湧いてきます。

「西風が林をいじめ通した。」というのは、擬人法だね。強い風がビュービューと吹いて、林が横に激しく揺さぶられているのがよく分かるね。風や林を人間にたとえることで、まるで生きているかのように、生き生きと表現しているんだ。

では、つぎはどうかな？

【例題3】

お品は手桶の柄へ横たえた竹の天秤へ身を投げ懸けてどかりと膝を折った。ぐったりなったお品はそれでなくてもみじめな姿が更にしどけなく乱れた。西風のなごりがお品の後から吹いた。そうして西風は後で括くった汚い手拭の端を捲くって、油の切れた埃だらけの赤い髪の毛をこきあげるようにしてその垢だらけの首筋を剥出しにさせている。それと共に林の雑木はまだ持前の騒ぎを止めないで、路傍の梢がずっとしなってお品の上からそれを覗かうとすると、後からも〱林の梢が一斉に首を出す。そうして暫くしては又一斉に後へぐっと戻って身体を横にゆさぶりながら笑いさゞめくようにざわ〱と鳴る。

お品は身体に変態を来たしたことを意識すると共に恐怖心を懐きはじめた。

長塚節『土』

問 傍線部の主語を答えなさい。

『土』は明治45年に刊行された作品で、当時の貧しい農民の過酷な生活を写実的に描いた作品なんだ。長塚節自身は37歳の若さで、結核で亡くなっている。

「お品」って、女の人の名前？

そうだね。今、林の中で、お品は重たい天秤に寄りかかるように、ぐったりと膝を折っている。体に変調をきたしたんだ。そんな憐れなお品に西風は容赦なく、吹きかけている。

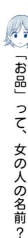

ところで、傍線部の主語は？

え～と、傍線部の前に「林の雑木」「路傍の梢」「林の梢」とあるから、迷ってます。先生、これらはみんな同じなんですか？

主語が省略されるのは、前文の主語と同じ時に限るんだよ。そこで、前文の主語を見ると、「林の梢」だと分かるね。

自分の感覚で判断しようとすると分からなくなるけど、日本語の規則で考えたなら、簡単に答えが出るんだ。

「路傍の梢」が好奇心からか、膝を折って倒れているお品を覗こうとしたんだ。すると、「林の梢」がその後ろから覗こうと首を出して、前後左右に揺らしながら鳴ったんだね。

「笑いさざめく」も擬人法ね。風に揺さぶられてざわざわ鳴っている林を、まるで人間が笑っているようだと表現しているのね。

「路傍の梢」と「林の梢」を合わせたものが、「林の雑木」なんだよ。傍線部の一文の要点は「（路傍の梢が）鳴る」だけなんだ。

簡単な文だったんだ！　あとの言葉は全部「鳴る」を飾っているだけ。本当に要点をつかまえたら、難しい文なんてなくなってしまう。もし分かりにくい一文があったら、一度飾りを取り外して、主語と述語、目的語という要点だけを取り出してみればいいんだ。

そうだね。もちろんまとまった文章を読むときには、一文ごとにそんな作業をするのは煩わしいに決まっている。だが、ハルカちゃんが資格試験など、読解力を試す試験を受けるときは非常に有効だし、英文解釈や英作文でも役に立つ。

しかし、それよりもまず一文がどのように成り立っているかを知ることが、文章を読むための出発点として必要だと思ったんだ。どんな文章でも一文が集まったものだし、その一文も日本語の規則で成り立っている。そうした一文の構造を理解することは、まとまった文章を読むときでも大いに役に立つんだよ、第一、言葉の扱い方が今までとは変わってくる。

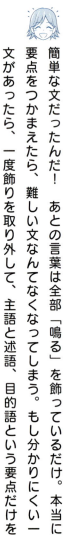

本当にそう思います。何だか文章の見方がどんどん変わってきます。『「最強！」の書く技術』の時も一応習った気がするのですけど、考えてみると「論理的に書く」と「論理的に読む」とは裏表の関係にあると言っていいのですね。

もちろんその通りだよ。「論理」という言葉の使用上の規則を「読む」ことに活用するのか、「書く」ことに活用するのかの違いであって、そういった意味では『「最強！」の書く技術』をもう一度復習するのも非常に効果的だね。

はい、この辺で『「最強！」の書く技術』、もう一度復習してみることにします。

文と文との論理的な関係

復習のことだけど、接続語については覚えているかな。

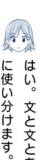

はい。文と文とをつなぐ言葉で、その論理的関係によって順接とか逆接みたいに使い分けます。

正解。文章を読むとき、自分の意識で読むと、自ずと先入主を通すから、それが文章を遮蔽し、文章には光と陰ができたね。

それが主観的な読み方でした。だから、筆者の意識で文章を読めと――。

そうだね。筆者は不特定多数の読み手に対して筋道を立てているのだから、主観的な自分を括弧《かっこ》に入れて、筆者の立てた筋道を自然に追っていけば文章がどんどん頭に入ってくるんだ。その時、先を予想しながら読めばいい。

えっ？　先を予想するって、勘で読めってことですか？　今まで言ってきたことと矛盾します。

そうではなく、論理的に読むと、自然に先が予想できるということなんだ。だから、先を読むことは予想したことの確認作業なので、主観が入る余地がないんだよ。

そう言えば、前に先生が接続語に着目すると、その先の展開が予想できると仰いました。

うん。論理とは一本道で、今がこうなら次はこうでしかない、次がこうならば、その次はこうしかないと、自然と先が予想できるんだ。

ハルカちゃん、算数や数学の文章題って、得意だった？

はい！　もちろん大の苦手です。一生懸命公式を頭に思いうかべて、これでいけそうと思ったら、がむしゃらに計算していました。でも、いつも計算間違いばかり。

算数や数学が出来る子どもは論理力がある子どもなんだ。ハルカちゃんのやり方だと、たまたまうまく当たったかどうかで、いくら勉強してもその時の運次第。しかも、そんな数学力なんて、世の中に出たなら、何の役にも立たない。

先生、ひどい！　でも、その通りです。志望校を私立文系に決めた高校2年生から数学にはまったく縁がないし、これから先も二度と縁がないと思います。こんなことなら、小学校の時から算数なんて真面目に取り組まなければ良かった。

問題文は他者に向けて論理的に書いてある。数学の規則が前提になるのは当然だけど、文章の内容が論理的に理解できたら、頭の中が整理できる。すると、次にそれらを数学の言葉に置きかえることができるんだ。そこまでは数学というよりも、日本語の論理の力なんだ。

文章題ができない人は算数や数学の力がないのではなく、日本語の論理の力が欠けていたんですね。だから、いくら数学の問題を解いても一向に成績が上がらない。あの頃の私みたい。

数式という数学の言葉に置きかえたら、あとは計算すればいいだけだけど、論理力のある人は先を必ず予想する。たとえば二通りの解き方があるならば、どちらの方が楽だとか。そこまで日本語で書いた文章を読んでじっくりと考えるんだよ。

計算間違いが多かったのは、やはり練習不足ですか？

それもあるかもしれないけれど、それよりも論理を駆使していないから、先を予想せずに闇雲に計算をする。だから、計算間違いをしても気がつかない。論理力のある人は先を予想しながら計算するから、間違ったら「こんなはずがない」と途中で気がつくことになる。この差はとても大きいんだ。

ああ、中学の頃から論理力を鍛えておけば、私も医学部かなんか合格できたかも。

まあ、医者にならない方が世のため人のためだったかもしれないよ。

先生、ひどい！

話を元に戻すと、接続語は文と文との論理的関係を示す記号だったから、それに着目することで文章の先を予想することができる。だから、筆者の立てた筋道を無視して、主観的に読むことがなくなるわけだ。

自分を殺す技術を身につけるために、接続語に着目して読むと効果的なんですね。

もちろん文章を読むとき、いちいち接続語を確認する必要はないけれど、主観的な読み方を変えるためには、一定期間接続語を意識する練習をすれば効果的だ。それには中学や高校で解いた、空所に接続語を入れる問題が有効だよ。

では、一つ練習してみようか。まず基本の基本の確認から。

【例題４】

（　）に当てはまるものを、後の接続語から選びなさい。

①今日は寝坊をしました。（　）朝食を食べる時間がありませんでした。

②今日は寝坊をしました。（　）何とか会社に間に合いました。

③今日は寝坊をしました。（　）昨夜遅くまで起きていたからです。

④朝食にたくさん果物を食べました。（　）もも、りんご、さくらんぼなどです。

⑤朝食に、もも、りんご、さくらんぼなどを食べました。（　）果物を食べたのです。

〔なぜなら　だから　たとえば　しかし　つまり〕

簡単です！　①は寝坊した結果、朝食を食べる時間がなかったのだから、順接で、「だから」。②は寝坊したのに、会社に間に合ったのだから、逆接の「しかし」。③直後に「〜から」とあるから、理由の「なぜなら」。④果物の具体例が「もも、りんご、さくらんぼ」だから、例示の「たとえば」。⑤「もも、りんご、さくらんぼ」をまとめたのが「果物」だから、「つまり」が答え。えっへん！

さすがにこれは全部解けたね。論理の基本は、「イコールの関係」「対立関係」「因果関係」のたった三つに過ぎない。たとえば、単語自体にも既に論理が含まれていたね。

はい、復習ですね。たとえば、太郎君、二郎君、三郎君たちの共通点を抜き取ったら「男」。その時、「太郎君、二郎君、三郎君」は具体、それに対して、「男」は抽象で、具体と抽象が「イコールの関係」でした。

3つの論理関係

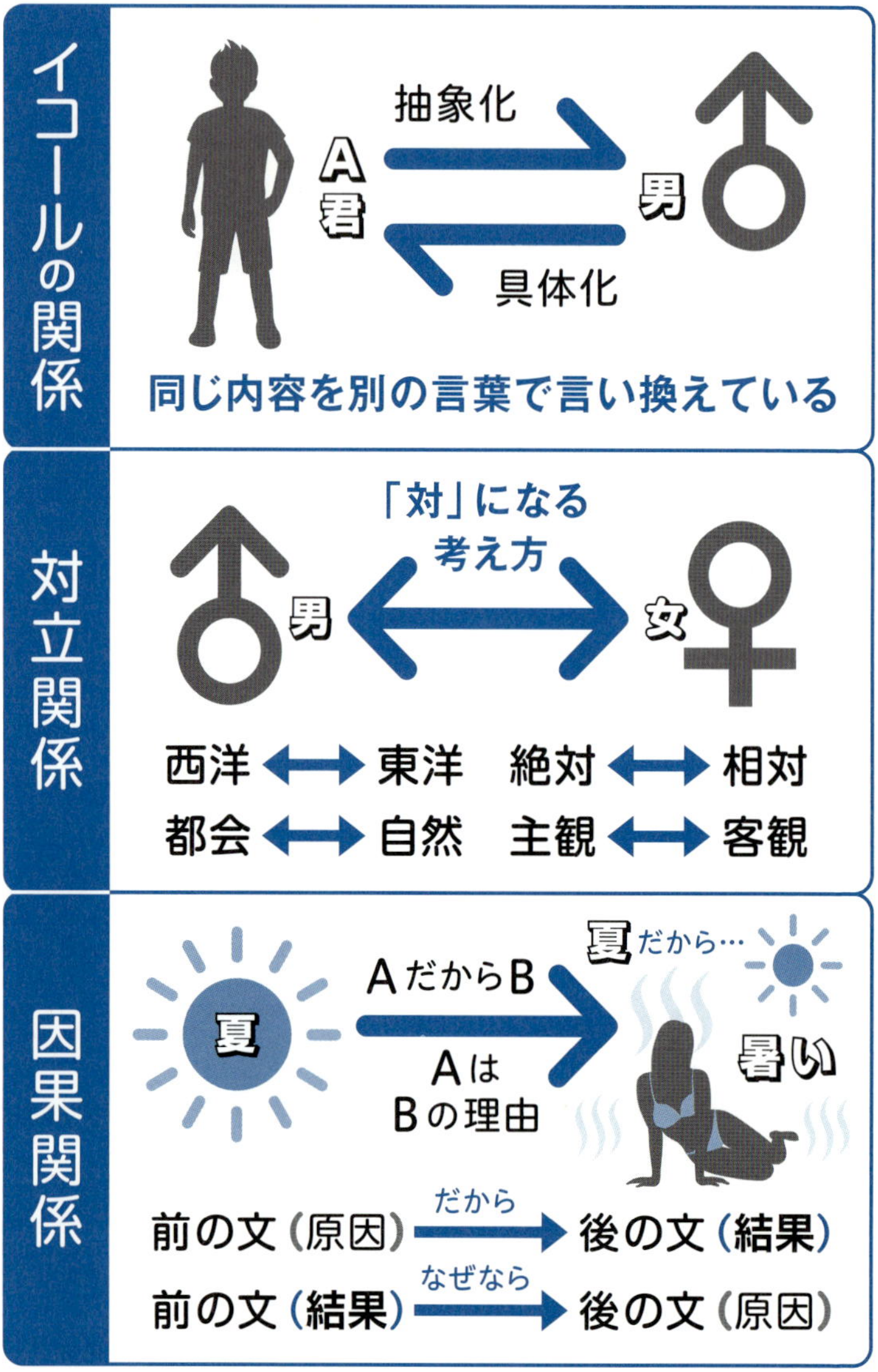
イコールの関係
抽象化
A君
男
具体化
同じ内容を別の言葉で言い換えている
対立関係
「対」になる考え方
男
女
西洋 ⟷ 東洋
絶対 ⟷ 相対
都会 ⟷ 自然
主観 ⟷ 客観
因果関係
夏
AだからB
AはBの理由
夏だから…
暑い
前の文（原因） だから → 後の文（結果）
前の文（結果） なぜなら → 後の文（原因）

その通り。つまり、「男」という言葉自体にすでに「イコールの関係」が孕《はら》まれているということだ。そして、なぜ「男」という言葉を必要としたのかというと、「女」を意識したからに他ならない。もし、「女」を意識することがなかったなら、「人間」という言葉だけで十分だからね。

「男」という言葉にはすでに「イコールの関係」と「対立関係」という論理が孕まれていたんですね。

うん。そして、接続語に話を戻すと、「具体」→「抽象」という関係の時は「つまり」。逆に「抽象」→「具体」の時は「たとえば」という接続語を使う。④が「抽象」→「具体」だから、「たとえば」。⑤が「具体」→「抽象」だから、「つまり」。

そうか。単に問題を解くだけだったら簡単だけど、先生は「イコールの関係」「対立関係」「因果関係」という論理的な関係が接続語でも変わらないということを分からせようとしたんですね。大丈夫、十分理解してますよ。

それは良かった。「対立関係」に当たるものは、逆接「しかし」だね。②は「寝坊した」と「間に合った」とが反対の関係にあるから、逆接を使うんだ。

先生、「因果関係」はどれですか？

「因果関係」とは、原因→結果の関係だよ。選択肢の中では、「だから」と「なぜなら」があるけど、「だから」は前が原因、「なぜなら」はその後に原因が来るんだ。「だから」が順接、「なぜなら」を理由の接続語という。①が順接で、「だから」、③が理由で「なぜなら」だね。

先生、一つ質問です。学校では接続詞と習ったけど、先生はなぜ接続詞ではなく接続語というのですか？

接続詞は、品詞の名称なんだ。「だから」や「しかし」は接続詞。でも、「イコールの関係」を表す「つまり」「たとえば」は品詞でいえば用言を修飾するから副詞なんだ。

えっ！「つまり」や「たとえば」は接続詞ではなかったんですか！

うん。実は接続語という品詞はないんだ。でも、僕が教えているのは文法ではなく、論理の話で、論理的に考えるには「つまり」「たとえば」を含めて接続語とした方が分かりやすい。

つまり、接続語＝接続詞＋「つまり」「たとえば」など、なんですね。

その「つまり」が品詞でいえば副詞だけど、論理でいえば接続語と考えた方がいいということ。

確かに（　）に何が入るかと考えたとき、抽象と具体と考えた方が分かりやすかったです。それにしても言葉って、本当に論理的にできているんですね。

そうだよ。だから、論理を駆使して話したり書いたりしたなら相手に誤解なく伝えやすいし、またその論理を意識して文章を読むと、主観的な読み方から脱却することができるんだ。

筆者がせっかく日本語の規則や論理を使って正確に伝えようとしているのに、それを無視して自分勝手に読んではいけないのだと学びました。

よろしい。では、次の問題に行こう。

【例題5】

次の文章の（1）～（5）に入る言葉をａ～ｆの中から選び、さらにその説明として最も適切なものを、後のア～カの中から選び、記号で答えなさい。

硝子戸《がらすど》のうちから外を見渡すと、霜除《しもよ》けをした芭蕉《ばしょう》だの、赤い実のなった梅もどきの枝だの、無遠慮に直立した電信柱だのがすぐ眼につくが、その他にこれと言って数えたてる（　１　）のものはほとんど視線に入ってこない。書斎にいる私の眼界は極めて単調でそうしてまた極めて狭いのである。

（２）私は去年の暮から風邪を引いてほとんど表へ出ずに、毎日この硝子戸の中にばかり座っているので、世間の様子はちっとも分らない。心持が悪いから読書もあまりしない。私は（３）座ったり寝たりしてその日その日を送っているだけである。

（４）私の頭は時々動く。気分も多少は変わる。いくら狭い世界の中でも狭いなりに事件が起ってくる。それから小さい私と広い世の中とを隔離しているこの硝子戸の中へ、時々人が入ってくる。それがまた私にとっては思いがけない人で、私の思いがけない事を言ったりしたりする。私は興味にみちた眼をもってそれらの人を迎えたり送ったりした事（５）ある。

夏目漱石『硝子戸の中』

【説明】

a しかし　b ほど　c その上　d さえ　e ただ　f つまり

ア　副助詞で、すでにあるものの上に、さらに付け加える。
イ　空所後文の原因が、空所前文となっている。
ウ　空所前文を前提に、空所後文を付け加えている。
エ　用言に係り、限定の意味を表している。
オ　副助詞で、おおよその程度を表す。
カ　空所前文の話の流れをひっくり返している。

先生、大変！　今度は「説明」を選ばなければならない。

単に接続語を選ぶだけでは、何となく感覚で答えてしまいがちだから、敢えて接続語の説明を選ぶ問題を作ったんだよ。

なんだ、単に意地悪で作ったのではないのですね。

当然だよ。まずａ～ｆの選択肢を見てごらん。

わ〜、接続語だけではありません。

よく気がついたね。一つ一つの言葉の役割を考えなければならない問題なんだ。

（1）に接続語が入るはずがないのは分かるよね。「これといって数えたてるほどのもの」と言う具合に、「ほど」は程度を表す副助詞。

（2）は、前の文の内容に、後の文を付け加える働きで、添加の「その上」。

（3）は、「ただ〜だけ」という限定の意味の副詞で、呼応関係に注意。

（4）は、前の文の内容をひっくり返しているので、逆接の「しかし」。

（5）「事」についているから副助詞。

今回は少し難しかった気がします。でも、言葉の役割を一つ一つ確認することが、文章を論理的に読むためには必要なんですね

【解答】

（1）bオ　（2）cウ　（3）eエ　（4）aカ　（5）dア

では、もう一題、さらに応用問題を考えてみよう。

【例題6】

次の文章の①～③に当てはまる文の記号を書きましょう。ただし不要な文が一つあります。

公衆電話は、お金を入れることで、誰でも利用することができる電話です。一九八〇年頃には全国で百万台以上も設置されていました。しかし、（①）。携帯電話を持っている人が増えて、公衆電話を利用する人が減ったためです。

それでも公衆電話は、一平方キロメートルに一台は設置しないといけないという法律があり、なくなることはありません。どうして公衆電話を設置しないといけないのでしょうか。なぜなら、（②）。たとえば、災害時には優先してつながったり、お金を入れないで使えたりするのです。だから、（③）。

ア　公衆電話は災害時に役立つことがあるからです。
イ　現在では公衆電話の設置数は、十七万台程度まで減りました。
ウ　公衆電話より、携帯電話の方が役に立つと言えるのです。
エ　みなさんも家や学校の近くにある公衆電話の位置を確認しておくと良いでしょう。

分かった！　論理を意識すると、次の展開が予想できるから、接続語に着目すると、空所に入るものが分かります。

だいぶ頭が論理的になってきたね。

①は（公衆電話が）百万台以上も設置されたとあるのに対して、逆接の「しかし」があるから、それと反対の内容である、イが答え。②は「なぜなら」があるから、公衆電話を設置しなければならない理由なので、アが答え。③は「災害時には優先してつながったり、お金を入れないで使えたりする」とあるのに対して、順接の「だから」があるから、エが答えね。

正解！　文章を読むときに、一定の訓練をしないと、無意識のうちに自分の好きなように読んでしまいがちだし、同じ文章でも先入主を通して読む限り、文章に遮蔽を起こして、人によって、あるいはその時々に別個のものを読みとってしまうことになる。だから、自分の主観を括弧に入れて、筆者が駆使した日本語の規則や論理を手がかりに正確な読解を心がけなければならない。

そのためには、接続語に着目して読むというのも、とても効果的な方法なんですね。

もちろん最初のうちは接続語を意識して、精読を心がけなければいけない。しかし、だんだん慣れてくると、自然と頭が論理的に動き出してくるから心配いらないよ。そのうち、間違った接続語が使われていると、カチンときて文章を読むのが気持ち悪くなるようになる。そうなったら、かなり論理力が身についていると思っていい。

はい、頑張ります。

では、最後に応用問題。単に解くのではなく、一つ一つどのような論理的な思考をすればいいのか、丁寧に考えながら解いていってほしい。

【例題7】 次の文章を読んで、後の問に答えなさい。

仕事が何かを生産したり、経済的利益を得たりするのに対して、遊びは何かを生産したり、利潤を追求したりするものではない。

仕事は有効かどうかが大切であり、そのためには効率が重要視される。時には嫌なことでも我慢しなければならず、あるいは何かを強制されることが多い。その意味では不自由だと言える。また仕事は未来を指向する。将来の成功のために、今つらくても努力をするのである。

それに対して、遊びは自由である。面白いから遊ぶのであり、（1）面白くなければ、その遊びを中止するか、別の遊びを考え出すしかない。もちろん、遊びは現在がすべてであり、将来のために遊ぶ必要などない。

本来人間は自由であったはずだ。（2）、将来の蓄えのために、働くことを余儀なくされるようになった。（３）、仕事は時には人間を束縛し、不自由を強制する。そこで、私たちは人間性を回復させるために、遊びを必要とするようになった。

（４）本来遊びとは何だったのか？

ギリシア時代には、労働は奴隷の仕事であった。市民は生涯遊んでいればよかったのである。といっても、今のようにテレビも漫画もゲームもない。彼らにとっての遊びは政治であり、哲学であり、文学であり、音楽であった。彼らは生涯遊び尽くさなければならず、そのため哲学も文学も、（５）学問も高度なものに発達した。彼らにとってそういった学問・芸術こそ遊びであったのだ。

日本で遊びが高度に発達したのは、平安時代の後宮であっただろう。后や女房たちは家事をする必要などなく、ひたすら遊んでいればよかったのである。だから、古語における「遊び」は音楽のことを意味し、そういった状況のなかで、あの源氏物語や枕草子や数々の和歌が生まれていったのだ。

勉強こそ、本来は仕事だった。面白いから勉強をしたのである。だから、若い諸君らは生涯勉強という遊びを楽しむことができるように、今本当の勉強の仕方を学ばなければならない。ところが、成績を上げるために、受験のために、今努力をしなければならないと思った瞬間、本来遊びであった勉強が一転仕事へと変貌する。仕事は不自由であり、強制であり、効率と有効性、そしていかに偏差値が上がったかという結果だけが問われることになる。そして、過度に勉強すると、人間性が阻害される危険性を指摘する意見もあるのだ。

（　　　　　　　　　　　　　　　）。

問一　問題文を三つの段落に分け、第一・二段落の最後の五字（句読点を含む）を抜き出しなさい。

問二　問題文の中で、一箇所「遊び」と書くところを、間違って「仕事」と書いてしまいました。その箇所を含む一文を抜き出しなさい。

問三　（1）～（5）に入ることばを次の選択肢から選び、それぞれ記号で答えなさい。

ア　そして　　イ　だが　　ウ　だから　　エ　そもそも　　オ　もし

問四　（　　　）に入る一文を、次の選択肢から選び、記号で答えなさい。

ア　若者よ、今こそ勉強を楽しめ。
イ　若者よ、勉強の意味を考えよ。
ウ　若者よ、勉強と遊びとの違いを考えよ。
エ　若者よ、将来のために勉強せよ。

せ、先生、何だか国語の試験問題を受けさせられている気がします。懐かしいけど、何で社会人になったのに、今さらって感じもしないわけではありません。

国語の試験問題と考えるから、いい点数を取ろうと緊張してしまうんだよ。設問を敢えて付けたのは、文章を論理的に読むことができたかどうかをチェックするためなんだ。もちろんそのために設問も工夫している。

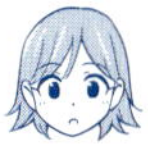

納得しました。では、先生、問一の段落分けの問題って、どのような意図があるのですか？

段落には形式段落と内容段落とがあるんだよ。形式段落とは、単なる形だけのもので、行替えしたところで一つの段落と考えるんだ。この問題文も行替えによって、いくつかの段落に分けられているね。それに対して、内容段落とは文章を論理展開に従って分けることなんだ。

そうだったんですね。今までは何となく感覚で段落を分けていました。第一問の段落分けの問題は文章を論理的に読めたかどうかを試しているんだ。

冒頭、「仕事」が話題として提示されている。そこで、「仕事」という言葉に着目して読んでいくと、次に「遊び」という言葉があるから、これもチェック。なぜなら、「仕事」と「遊び」が対立関係になっているからだ。このように言葉の意味をただ読み取っていくのではなく、筆者が立てた筋道＝論理を読み取っていくことが大切なんだよ。

「仕事」は楽しいかどうかではなく、儲かったかどうかで、結果がすべてなんでしょ。私の会社でも、いくら楽しくても、成績が悪かったら怒られるもの。それに対して、「遊び」は結果ではなく、今楽しいかどうか。楽しくなければ、その遊びを止めるか、別の遊びに変えればいいのだから。「対立関係」を意識すれば、頭の中がスッキリと整理できます。

それと「遊び」は自由だけれど、「仕事」は時には強制され、自由ではないことも大切だね。だから、時には「遊び」で人間性を回復する必要があったんだ。

問三は接続語の問題で、第一段落に（１）～（３）があります。

うん。接続語は文と文との論理的関係を読みとったかどうかを試す問題だったね。

では、やってみます。（１）はあっ、いきなり躓《つまず》きました。何だか逆接のような気もするし、「そして」も入るような気がします。

選択肢に「もし」があることに注意したらいいね。「もし〜ならば」といって、「もし」は形が決まっているんだ。それを副詞の呼応というのだけど、これは決まり切った形だから、最優先。

英語の構文みたいなものですね。

そうだね。直後が「面白くなければ」と仮定の話になっているので、「もし」が答えだ。

（２）は逆接だから「だが」です。空所の前が、人間はもともと自由だという内容なのに、直後では仕事で縛られるって話だから。簡単！

では、（３）は？

直前が、人間が働くことを余儀なくされるで、その結果、束縛されてしまうのだから、順接（因果）で「だから」。

正解！　かなり論理的に考えることができるようになったね。

はい！　才色兼備の最高の女性に一歩一歩近づいています。

ここまでは大丈夫かな。次に、「（4）本来遊びとは何だったのか？」と、話題が転換している。筆者が自分で問題を設定しているのを問題提起というんだが、次に筆者はその答えを用意しなければならないんだ。

えっ！　どうしてですか？　自分で尋ねて、自分で答えるなんて、変な気がします。

これは自問自答形式といって、読者にも一緒に考えてもらおうという、一種の強調表現なんだ。とにかくここで話題を変えたから、（　４　）の答えは「そもそも」。そして、「仕事」と「遊び」の対立関係から、話は本来遊びとは何だったかに変わるから、ここで段落が変わるんだ。

本当に段落分けって、論理で解いていくのですね。

そうだよ。次に、問題提起の答を探しながら読んでいく。それが筆者の立てた筋道に従って読んでいく論理的な読解で、この時頭は論理的に動いているんだよ。

はい、何となく読んでいるのに比べて、やはり頭を使っているんだなって実感があります。でも、不思議なことに、この方がかえって簡単です！

慣れてくると、先が予想できるだけでなく、読むと同時に頭の中が整理されてくるから、文章を読むのが面白くなってくるんだ。

さて、第二段落では、本来「遊び」は学問・芸術・文学・哲学・音楽などだったとある。それらは深いから飽きることなく、生涯楽しむことができたんだ。では、どこまでが本来の「遊び」の話かというと、「あの源氏物語や枕草子や数々の和歌が生まれていったのだ。」までが、本来の「遊び」の話だね。

（　5　）はもう分かります。「哲学も文学も（　5　）学問も」と並べている

ので、「そして」ですね。

「そして」は添加と言って、付け加える働きの接続語なんだ。「哲学と文学」に付け加えて「学問」も、ということ。

本当に接続語も一つ一つ論理的な働きがあったんですね。何だか、面白い。先生、問二はどんな力を試しているのですか？

もちろん論理力だよ。「仕事」と「遊び」が対立関係だと意識すると、自ずと間違って使われている箇所が分かってくる。

あっ、次の段落の冒頭ですね。「勉強こそ、本来は仕事だった。」とあるけど、直後に「面白いから勉強をした」とあります。面白いからするのは、「遊び」だから、「勉強こそ、遊びだった」となるはずです。え〜と、一文を抜き出すのだから、答えは「勉強こそ、本来は仕事だった」が答え。

ハルカちゃん、だいぶ力が付いてきたね。では、この辺で、第一問の答えを確認しておこうか。第一段落は「仕事」と「遊び」の対立関係。第二段落は本来の遊びとは何かで、第三段落で、それらを受けていよいよ「筆者の主張」が登場する。

はい。本来「遊び」であったはずの勉強が、今や「仕事」になってしまったということですね。それって、よく分かります。だって、私も中・高校生の頃、勉強が楽しいなんて思ってもみなかったもの。塾に通っているときは、「合格」ってはちまきを無理矢理させられ、先生は「努力せよ」「頑張れ」って。確かに励ましてくれたんだろうけど、何だか肌に合いませんでした。

それが本当はまともな感覚なんだよ。勉強は人から強制されるものではなく、面白くて仕方がないから自らがやるもんだと思う。だから、「頑張れ」とか、「努力」って言葉は、勉強に関していえば好きではなかったな。それは勉強が面白くないもの、我慢しなければならないものってことが前提で、だから、「頑張れ」となる。そして、成績が上がらなかったら、子どもの努力不足と決めつける。

先生の責任放棄ですね。

本来楽しいはずの勉強が仕事と化した結果、いい大学に合格したか、偏差値が上がったかと、結果だけが問われることになる。そして、効率を重視するあまり、意味のないテクニックにしがみつく。無理矢理楽しくない勉強を強要されるから、自由を手放し、人間性が阻害され、受験地獄なんて言葉が横行する。

もうあんな受験勉強は二度としたくありません。

そうだね。昔予備校で教えていた頃、よく思ったんだが、勉強の楽しさを教えるのが講師の力量だってね。かりにそれで志望校に合格できなくても、勉強の楽しさを知った子どもは生涯勉強することになる。でも、勉強とは苦しいもんだ、だから頑張らなければと思って努力した子どもは、たとえ合格したところで、もう嫌な勉強をしなくてもいいのだから、大学に入った途端勉強しなくなるかもしれない。いったいどちらが幸せだろうってね。

でも、今や生涯勉強しなくてはいけない時代だと思います。現に、私も社会人

になってから、本当の意味での勉強の必要性を痛感しています。

それなら勉強を「遊び」と思って、楽しまないとね。

はい、頑張ります！　あっ、ではなくて、楽しみます！

では、最後の問四。

これは問題文の最後にあるから、きっと「筆者の主張」ですね。筆者は勉強は本来「遊び」だと主張しているのだから、ア「若者よ、今こそ勉強を楽しめ。」が答えです。

正解。

【解答】

問一　になった。　ったのだ。

問二　勉強こそ、本来は仕事だった。
問三　1オ　2イ　3ウ　4エ　5ア
問四　ア

文章の要点を読みとる

いよいよまとまった文章の読み方について説明しよう。まずは文学作品以外の、論理的な文章に話を絞るよ。

はい。新聞の記事や評論やビジネス本、自己啓発本などですね。

うん。まとまった文章にはもちろん数多くの言葉が詰め込まれている点が、一文とは大きく異なるところだ。

たくさんの言葉を見るだけで、目がクラクラしてきます。

確かに一つ一つの言葉には必ず意味があるのだから、それらを全部読みとろうとしたなら、頭の中がごちゃごちゃして、何が何だか分からなくなることがある。

あっ、それ、今までの私です！

でも、まとまった文章の場合、すべて要点と飾りとで成り立っている。そこで、たった数行の要点さえ読み取ることができたなら、頭の中はいつでもスッキリする。

分かった！「筆者の主張」が文章の要点ですね。でも、「筆者の主張」をどうやって見つければいいのか、よく分かりません。

だから、抽象と具体を意識することが大切なんだよ。「筆者の主張」はまとまった文章の要点であり、抽象的。飾りの文章は主張に対する具体例や体験などで、具体的だと言える。

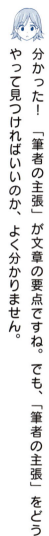

抽象と具体は「イコールの関係」でしたね。

よく覚えていたね。では、大切なことを確認してみよう。筆者は自分の主張を多くの人に伝えたいから、不特定多数の他者に向けて文章を書く。この不特定多数の他者というのが大切だったね。誰が読んでいるか分からないから、感覚は通用しない。だから、論理を駆使するしかない。

はい。これは「最強！」シリーズの講義でおなじみでした。活字になる文章は不特定多数に向けて書いている。でも、現代ではメールやブログなど、誰もが電子データで文章を書くようになったので、それは活字と同じで、だから、論理的に書くことができなければ、今の時代を生き抜くことができないと。

その通りだね。電子データで書いた文章は誰に読まれているか分からないので、論理的に書く必要がある。もちろん、新聞記事や本などの活字になった文章も、不特定多数に向けて論理的に書いてある。だから、論理を理解して文章を読まなければ、その内容を正確に理解することなど到底できない。

それなのに今まで何となく自分が好きなように読んでいました。せっかく筆者が論理を駆使して私たちに伝えようとしているのに、それを無視していたなんて、今から思うと筆者に失礼なことをしていました。

さて、話を戻そうか。「筆者の主張」は抽象的な箇所なんだよ。たとえば、「僕は今夜カレーライスを食べようか、ラーメンを食べようか」というのは、「筆者の主張」とは言えない。

先生、もっと栄養のある物を食べてください。

そうではなく、今例を挙げているだけなんだ。これは僕が決めればいいだけのことで、不特定多数の読者にとって何の意味もないことだね。だから、「筆者の主張」とは言えない。

ああ、そうか。安心しました。先生のご飯とか、カレーライスやラーメンって、確かに具体的なことですよね。

そうだね。「論理とは一定の規則に従った言葉の使用法だ」というのは、多くの人にとって大切な情報だから抽象的で、「筆者の主張」と言える。つまり、抽象度が高いほど、より多くの人にとって大切な情報になる。

はい、論理の大切さは多くの人に知ってもらいたいです。

これも例を挙げただけだよ。まあ、いい。でも、人は抽象的なことに対しては、余り興味を示さないものなんだ。前に「小鳥がかわいらしく鳴いている」という例を挙げたのを覚えているかな？

確か、小学生の子どもは「かわいらしく」が一番大切な言葉だって答えたのでしたね。

うん。「小鳥は」「鳴いている」は抽象的だけど、「かわいらしく」は「鳴いている」という言葉をより具体的に説明した言葉だ。子どもは正直で、もし好きなように読んだなら、大抵の人は抽象的な主張よりも具体的な表現に目が向いてしまうものなんだよ。

だから、好きなように読んでしまうのですね。

たとえば、「戦争を起こしてはいけない」が主張だとしよう。そこで、「戦争を起こしてはいけない」「戦争はダメだ」「戦争を止めよう」「戦争は嫌いだ」と書いた文章を読んでどう思うかな？

確かに戦争は絶対に起こしてはいけないけど、そんな文章を読んだら、そんなのあなたに言われなくとも分かっているのに、もううんざりと思ってしまいます。

そうだよね。でも、筆者の悲惨な戦争体験を見事に描いた後、たった一言「戦争は二度と起こしてはいけない」と書いてあればどうかな？

あっ、それなら思わず身につまされてしまって、本当にそうだわって、きっと共感してしまうと思います。

「戦争は二度と起こしてはいけない」は「筆者の主張」で、抽象的で、文章の要点。それに対して、筆者の悲惨な戦争体験は具体的で、飾りの箇所、と言うことができるよ。

だから、主張（要点）と筆者の体験（飾り）という「イコールの関係」が成り立つのですね。

うん。確かに筆者の戦争体験は具体的であるから、思わず胸が引き裂かれるような気持ちになって、印象に残りやすいけど、「筆者の主張」が要点であることに変わりはないんだ。

なるほど。受験生の時にこれを聞いていれば、もっと国語が得意になっていたかもしれません。

主張と論証責任

筆者が伝えたいことがあるから、文章を書いたんだったね。しかも、読み手は誰だか分からない不特定多数の他者だ。そこで、当然論証責任が生じる。

論証責任ですか？　前に少し話に出ていたけれど、もう少しくわしく説明してください。

筆者は他の人とは異なる情報を伝えたくて、文章を書いたんだ。みんなが知っていることなら、それは常識であって、わざわざ活字にする必要などない。そこで、筆者は自分の主張に対して、不特定多数の読み手が納得できるように論証する必要が生じる。それが論証責任なんだよ。

なるほど！　だから、私たちも論理的に読まなければならないのですね。

そこで、どうやって要点を見つければいいのかという話だったけど、論理的な文章においては、要点とは筆者の主張だったね。

どれが筆者の主張か、簡単に分かる方法を教えてください。

次の二つの条件を満たす箇所を探してごらん。

①抽象的な表現

②論証責任を果たしているもの

あっ、今までの説明で納得できます。「筆者の主張」は抽象的な箇所だし、必ず論証責任を伴うから。

そうだね。たとえ抽象的であっても、一度書かれただけで、ほとんど論証することもなければ、それは「筆者の主張」と言えない場合がほとんどなんだ。

論証責任って、具体例を挙げたり、自分の体験（エピソード）を挙げたりですか？

具体例や体験は具体的な表現だったね。その時「筆者の主張」＝「具体例・体験」であって、それを抽象と具体の関係、あるいは、「イコールの関係」と僕は呼んでいるんだ。

そして、抽象的な方が文章の要点なんですね。どんなに長い文章であっても、数行の要点さえ読みとれば、いつでも頭の中はスッキリだし、それを論理的に理解したり、人に説明できたりするのだから、何だか難しい文章でも読めるような気がしてきました。

では、簡単な例題を挙げて説明しようか。

【例題8】

私たちはあらゆるものを数値化します。たとえば、スーパーに行けば、牛肉や豚肉に百グラムいくらと値が付いています。一方、デパートに行くと、ブランドの時計などが一つ何十万円かで売られています。牛や豚の命と時計という次元の異なるものが数値化されたとたん、同じ価値を持つものと見なされるのです。牛や豚にも人間と同じ命があります。同じほ乳類である限り、人間と同じように感情があるだろうし、殺されるときは痛みも感じることでしょう。捕まったときは、一体どれほど恐ろしい思いをしたのでしょう。私たちは料理に出されたときに、そのお肉が私たちと同じように命を持っていた生き物だったということをあまり考えません。スーパーで百グラム何円で売っていたとき、ノートや鉛筆や消しゴムを買うのと同じ感覚で、そのお肉を買ってきます。でも、百円で買ったお肉は、動物の命と引き替えに得たものなのです。あらゆるものを数値化する私たちの世界では、命を奪っているという生々しい現実を実感させなくしてしまうのです。

問　筆者の主張をまとめなさい。

さあ、抽象と具体を意識して読んだかな？

はい。読みました。最初の「私たちはあらゆるものを数値化します。」が抽象なので、文章の要点。次に「たとえば」とあるので、その具体例。

その通り。ハルカちゃん、犬か猫を飼ったことがある？

トイプードルが1匹います。大きな犬を見たら、思わずプルプル震えたり、私が大声を出したら、怯えてソファーの陰に隠れたりするのを見ると、人間と同じように悲しんだり怯えたりするんだなあと思います。

筆者は「あらゆるものを数値化する」という人間の営みを分かってもらうために、次に具体例を挙げたんだね。肉もノートも値段が付くことによって、等価のものとして売り買いされる。

肉を食べるって、命を奪うことなんですね。家で飼っているトイプードルが殺されたら、私、その肉を食べることなんて絶対にできないわ。でも、牛や豚を殺すことだって、きっと同じことなんですね。

うん。ぼくたちは直接牛や豚に手を下すことがなく、ただ１００グラムいくらで買うだけだから、命を奪っているという実感を抱きにくい。

先生、分かりました。筆者の主張は末尾の「あらゆるものを数値化する私たち

の世界では、命を奪っているという生々しい現実を実感させなくしてしまうのです。」ですね。この一文は抽象的です。

うん。この箇所をまとめれば答えになるね。

【解答例】

あらゆるものを数値化する私たちの世界では、命を奪うという生々しい現実を見えなくさせている。

現代の大きな危機は、現実が見えにくくなっていることかもしれないね。たとえば、私たちはゴミを出せば、それがどこかで消えてしまうと思っているけど、実はその生ゴミはどこかに集積され、腐敗臭を出しているかもしれない。あるいは、電気代さえ払えば、電気を使えると思っているけど、現実には原子力発電所では放射性物質が増え続けている。だから、原発の恐ろしさに対して、実感することができない。

先生、「現代の危機は現実が見えにくくなっていること」が抽象で、筆者の主張。

「たとえば」以下が具体例ですね。

よく分かったね。僕はふとこんなことを思うんだ。電気会社が月に一度一軒一軒訪れて、「はい、これがお宅の使った電気の放射性廃棄物です。少しでも触れたなら、死んだり奇形児が生まれたりと、非常に危険ですから、庭のどこかにでも埋めておいてください。お宅が使った電気の廃棄物ですから、自己責任です。」なんて言ったらどうだろう。

自分の庭に廃棄物が増えていくのを見ると、どんなに不便でも電気を使うのは止めておこうと、私なら思います！

うん。現実が見えなくなっているというのは、近代戦争でも同じことだよ。アメリカがミサイルなどで空爆するとき、彼等はレーダーで狙いを定めてボタンを押すだけだよ。まるでゲームの世界だ。実際には、人が血塗れになり、のたうち回って死んでいるかもしれないのに、空爆している側にはその実感がないから、いくらでも人を殺すことができるかもしれない。

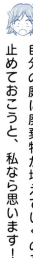

現実が見えなくなっている今、私たちは想像力を働かせて、本当のことを察しなければいけないのかも知れませんね。

では、応用問題を一つ。

【例題9】

「人生は夢である」と言います。このことについて、A～Cの文章を読んで、後の問に答えなさい。

A　浦島太郎は、長い間竜宮城で乙姫様と夢のような日々を過ごしました。そして、竜宮城から帰って、玉手箱を開けました。すると、どうでしょう。浦島太郎は一瞬のうちに白髪のお爺さんになってしまったのです。

B　織田信長は桶狭間の合戦の前、たったひとり部屋に閉じこもりました。今川義元の軍勢は数十倍であり、普通に考えればとても勝ち目がなかったからです。そして、おもむろに立ち上がって、「人生は夢まぼろしの如く

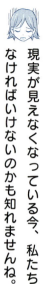

なり」と幸若舞を舞って、決戦の決意としました。

C　夢の中で何ものかに追いかけられて、必死で逃げているときは、時間はゆっくりと流れているような気がします。でも、夢から覚めて、その夢を振り返ろうとしても、すべては一瞬に過ぎ去ってしまったように思えるのです。

問一　Aで、浦島太郎が一瞬のうちになぜお爺さんになったのか、その理由を次のように考えてみました。

「竜宮城での時間は均質に流れていました。でも、夢のような時間は、後から振り返ると（1）のように思えるものです。浦島太郎が竜宮城で過ごしている時間は、実は現実の世界では随分長い年月が過ぎ去っていたのでしょう。だから、浦島太郎が現実に戻ったとき、玉手箱によって（2）の調節が必要だったのかもしれません。」

（1）（2）に入ることばを、ABCの文章の中から、それぞれ漢字二字で抜き出しなさい。

問二　Bで、なぜ信長は決戦を前に「人生は夢まぼろしの如くなり」と舞ったのでしょうか？　A、Cを参考に、あなたの考えを六十字以内で述べなさい。

問三　A～Cの文章から、なぜ「人生は夢である」のか、五十字以内で説明しなさい。

先生、一つ一つの文章は読みやすいのですけど、問題をどう解いていいのか、さっぱり分かりません。第一、A～Cの文章、どうして三つ並べているのかしら。

まったく無関係の文章を三つ並べるわけはない。当然、何らかの論理的関係があるから、三つを並べているわけだ。

論理的関係って、「イコールの関係」「対立関係」「因果関係」の三つでしたね。だとすれば、ここでは「イコールの関係」しかありません！

そうだね。では、筆者の主張は何だと思う？

えっ！　だって三つの文章とも具体的な内容ではないですか？

もちろんそうだよ。よく問題文の前に書いてある文章を読んでごらん。

え〜と、「『人生は夢である』と言います。このことについて、A〜Cの文章を読んで、後の問に答えなさい。」。あっ！　分かった！　「人生は夢である」が主張で、「このことについて」とあるから、A〜Cの文章は全部そのことの具体例だ。

やっと分かったね。では、問一は？

設問にヒントがあるから、何とか解けそうです。あれ？　どうして浦島太郎は玉手箱を開けたら、おじいさんになってしまったのだろう？　そう言えば、子どもの時にこの話を聞いて、不思議に思った記憶があります。

どれも「イコールの関係」だから、一番分かりやすそうな文章から読んでいけばいい。

分かった！　Cの文章で、夢の中では時間がゆっくり過ぎると書いてあります。確かに、夢の中で怪獣に追いかけられたことがあるけど、必死で逃げても足が思うように前に進まなかった気がします。でも、夢から覚めたら、夢の中ではあんなに時間が立たなかったのに、一瞬の出来事に思えました。

そうだね。一つヒントを出そうか。楽しい出来事って、あっという間に感じられるけれど、嫌なことってなかなか時間が過ぎ去らないよね。

はい。たとえば同じ1時間でも好きな人とのデートはあっという間で、もうお別れかと悲しくなるけど、太い注射を1時間も打たれ続けたら、気が遠くなるほど長く感じます。

何とも不思議な具体例を挙げてきたね。それで？

先生、分かりました。浦島太郎も竜宮城での楽しい日々は一瞬に思えたけれど、実際は時間が随分たっていたに違いありません。だから、現実に戻った時に時

間を調節する必要があったんだわ。（1）は「夢のような時間は」とあるから、答えは「一瞬」。（2）は何を調整するかというと、答えは「時間」。

正解！　では、問二は？

いきなり浦島太郎から織田信長ですか。一見何の関係もないように思えますけど。でも、「人生は夢のようだ」が「筆者の主張」で、A～Cの文章はすべてその具体例で、「イコールの関係」なんですね。

「決戦の決意」とはどんな決意かな？

桶狭間の戦いって、信長にはほとんど勝ち目がなかったんですよね。だったら、戦に行く前は普通の人間なら怖かったに違いありません。あっ。そうか！　人生が夢のように一瞬に過ぎ去るものならば、何も怖いものなんかないと、信長は幸若舞を舞いながら自分を鼓舞したんだ。

そうだね。人生は夢のように一瞬に過ぎ去るものならば、何も怖いものはないと、信長はそれを出陣の決意としたんだね。最後に、問三はどうかな？

なぜ「人生は夢である」のか、その理由を説明すればいいのですね。文章Cから、夢を見ているときは時間が等間隔に流れているが、夢から覚めたら、それが一瞬の出来事に感じられると分かります。浦島太郎が玉手箱を空けたときも、時間は一瞬に過ぎ去ったし、信長は人生が夢ならば何も恐れることはないと、出陣の決意にしたわけです。

だから、人生と夢との共通点を指摘してやればいいんだ。

先生、分かりました！　人生も夢と同じだということは、普段一生懸命生きているときは時間が等間隔に流れていくけど、過ぎ去ってから振り返ってみると、すべてが夢のようで、一瞬に感じられるということ。確かに前の前の彼に振られたことは、今となっては一瞬の出来事で、とても懐かしく感じられます。

【解答】

問一　（1）一瞬　（2）時間

問二　人生は夢と同じで、一瞬に過ぎ去るものだから何も怖いものはないと、出陣を決意したこと。

問三　生きているときは時間は等間隔に流れるが、振り返ってみると一瞬に感じられることが、夢と同じだから。

今まで学習してきた抽象と具体との関係、つまり、「イコールの関係」を意識することによって、文章の要点を読み取ることができたね。それが分かれば、どんな長い文章でも具体例や体験などが多く挙げられているだけで、証拠をたくさん挙げてくれているだけ、かえって分かりやすくなるんだよ。

そうだったんですね。今までは文章が長くなるほど、多くの情報を読みとらなければならないと、読む前からうんざりしていたんだけど、これからは長い文章がかえって読みやすくなるような気がします。

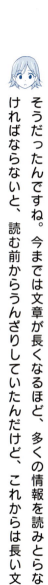

それはよかった。「筆者の主張」をA、具体例や体験をA'とすると、結局はAを形を変えて繰り返しているだけに過ぎないんだ。

A（筆者の主張）＝A'（具体例・体験）

と考えると、長い文章はA'が多いだけの文章だから、かえって楽なんだ。

先生、とっても気が楽になりました。

論理的な関係でもう一つ大切なのが、「対立関係」だったね。男と女、空と大地、正義と悪、好きと嫌いなど、私たちは外界のあらゆる情報を「イコールの関係」と「対立関係」で整理している。論理的な文章も同じことで、筆者の主張は「イコールの関係」だけでなく、「対立関係」も駆使して、自分の主張を不特定多数の読み手に分かるように、筋道を立てて説明しているんだ。

【例題10】

次の文章を読んで、後の問に答えなさい。

民主主義はキリスト教の神の観念から生まれた。民主主義と宗教的精神とは一見何の関係もないように思えるのは、私たち日本人が西洋の近代を明治になって表面だけ模倣したからである。

日本人の考え方の根底には一種独特の自然観が根強くある。自然は弱肉強食であり、生まれつき食う側と食われる側とが決められている。私たちは平等には生まれついてなどいなかったのだ。だから、江戸時代に士農工商といった身分制度があっても、当時の日本人はそれを何の抵抗もなく受け入れてきたのだ。

一方、キリスト教は神のもとにすべての人間は平等だと説いた。自分が大切ならば、他人も自分と同様に大切である。そこで、一人ひとりが同じ権利を持って物事を決めなければならないという考えが生まれた。そこから、民主主義という制度が成立する。キリスト教という一神教をもとに平等観が生まれ、そこから民主主義が誕生したのである。

ところが、近代日本はそのキリスト教的精神を受け入れることなく、民主主義という制度だけを輸入し、弱肉強食の自然主義の土台の上に定着させようとした。その結果、形式だけの民主主義といった何ともへんてこなものが、日本の土壌の中に出来上がってしまったのだ。

問 筆者の主張を八十字以内でまとめなさい。

冒頭に大切なことが書いてあるよね。「民主主義はキリスト教の神の観念から生まれた」。

えええ！　だって、民主主義って制度と宗教って、何の関係もないじゃない。

大抵の人はそう思っているんじゃないかな。だから、筆者にはこの主張に対して、論証責任が生じているんだ。

あっ、そうか。私もこれはきちんと論証してほしいと思います。

ところで、この文章の「対立関係」は読みとったかな？

ありました。日本人＝自然観なのに対して、西欧人はキリスト教＝神のもとの平等です。

そうだね。日本人は西行、吉田兼好、芭蕉などの知識人でも、いかに自然と一体化しようとしていたんだ。その手段が隠遁生活であったり、旅であったりした。自然とはある意味で過酷な世界で、強いものが弱いものを食い殺さなければ生きていけない。実際、江戸時代までは生まれながら身分の違いがあるのが当然であって、彼等に平等観を説いたところで途方にくれただろう。

今の時代でもお金持ちに生まれた人と、貧乏な家に生まれた人がいるので、決して人間は平等には生まれていないと思います。

もちろん西洋でも王侯貴族はいたわけだし、生まれながらに貧富の差があるのは日本と変わりがない。でも、西洋人の平等観はそういった次元ではなく、お金持ちであっても貧乏であっても、みんな神のもとに平等だということだ。ひとりひとりが平等の権利を持っているから、みんなで話し合って大切なことを決定する民主主義が成立する。ところが、日本は近代になって、キリスト教も神の観念も輸入せず、民主主義という制度だけを輸入し、日本人特有の自然観のもとに成立させようとした。

上辺だけの民主主義なんて、うまく機能するはずがありません。

その通りだね。だから、国会議員は地方のボスか組織のボスが当選し、彼等が東京に集まって派閥をつくり、そこでまたボスを担ぎ上げる。その派閥のボスは子分のためにお金と利権を配らなければならない。そのボスの頂点に立つのが総理大臣というわけだ。

日本の政治が三流だと言われるのには理由があったのですね。

「筆者の主張」は最終段落だね。

【解答】

日本は近代に入って、キリスト教は輸入せず、民主主義という制度だけを日本特有の自然観の上に定着させようとした結果、上辺だけの民主主義となってしまった。

先生、筆者が論証責任を果たそうと、懸命に「イコールの関係」や「対立関係」を駆使して文章を書いているのがだんだん分かってきました。だから、私たちも自分勝手に読むのではなく、筆者の立てた筋道を追っていかなければいけないのですね。

そうだよ。それなのに学校では国語の時間や読書の時間があるけれど、結局、好きなように読むことを奨励している場合が多いんだ。国語の授業で論理を教えることがほとんどないにもかかわらず、大学では高校までで論理を習得していることを前提に論文の読み書きを強要する。

本当に矛盾しています。私たちは自分の力で論理を習得しなければならないのですね。

うん。では、最後に「因果関係」を練習しよう。まずは復習。

①雨が激しく降ってきた。だから、コンビニで慌ててビニール傘を買った。

②コンビニで慌ててビニール傘を買った。なぜなら、雨が激しく降ってきたからだ。

「だから」と「なぜなら」はともに因果関係を表す言葉だ。ただし、「だから」「したがって」「それゆえ」などは順接の接続語で、その前に理由が来る。それに対して、「なぜなら」「というのは」などは理由を表す接続語で、その後に理由が来る。

接続語の前が理由だと「だから」、後に理由だと「なぜなら」なんだ。でも、どちらも理由がポイントなのね。

自然現象であろうと、人間の行為であろうと、物事が起こるには必ずと言っていいほど理由がある。あるいは、自分の気持ちや意見を述べるときも、必ず理由を述べる必要がある。ましてや不特定多数に向かって書いた文章ならば、「筆者の主張」には理由を付け加える必要があるんだ。

だから、文章を読むときも、いつもなぜだろうと理由を考えながら読まなければいけないのですね。

そうだね。では、因果関係を意識して、次の問題を解いてごらん。

【例題11】

次の文章を読んで、後の問に答えなさい。

歴史の真実って、何でしょうか。教科書に書かれている歴史は、専門家たちがおおむね正しいと認めたものです。

では、なぜ専門家たちが正しいと認めたのかというと、その最大の根拠は証拠が残されているということです。その証拠とは古代史で言えば遺跡などですが、文字が残されるようになってからは主に史料と呼ばれるものです。史料に書き残されているから、それがおそらく真実に近いと考えるのでしょう。

では、なぜ史料に書き残されているのでしょうか。それはその史料が時の権力者によって都合がよかったからではないかと思えるのです。たとえば戦時中でも国家に都合の悪い文章は書けなかったし、もし見つかれば作者は投獄されました。古事記や日本書紀が今の時代に残っているのも、やはり勝利者の視点で書かれていたからに違いありません。滅ぼされた王朝の視点で書かれていたなら、私たちの歴史はまったく別のものになっていたことでしょう。
　私たちが知っている歴史が真実とは限らないというところに、歴史の本当の真実があるのです。

問　問題文の筋道の立て方として、もっとも適切なものを選んで、記号で答えなさい。

ア　最初に筆者の主張があり、その後に証拠となる具体例が来る。
イ　証拠となる具体例をまず挙げてから、筆者は最後に自分の主張を提示している。
ウ　問題を提起し、その後すぐに最終結論を提示している。
エ　問題を提起した後、自分の主張をするというパターンをくり返している。
オ　一つの主張を何度もくり返している。

　ハルカちゃん、今回単に文章を読むだけでなく、敢えて僕が設問を付けたのはどうしてだった？

さっそく理由を聞いてきましたね。もちろん先生から説明を受けていました。問題文を論理的に読んでいるかどうか、問題を解くことで確認できるからです。

よく覚えていたね。では、問について考えてみよう。

はい。設問は「筋道の立て方」を聞いているので、やはり論理的に読んだかどうかを試しているのですね。

まず「歴史の真実って、何でしょうか」とあるから、問題提起です。

問題提起の場合は、何を意識して読んだらいい？

はい、問題提起とは自問自答形式ですから、筆者がすぐにその答えを書いているはずです。あれ？　答えを探しても、書いてないような。

うん。今回はすぐには答えがないよ。実は、本文の末尾に答えがあるから、そこまで我慢して読まなければいけなかったんだ。

先生、「私たちが知っている歴史が真実とは限らないというところに、歴史の本当の真実があるのです。」ですか？　歴史の真実って、私たちが知っている歴史が真実とは限らない、ってことですか？　なんか変な結論です。

だから、筆者はそれを論証してから、最後に結論づけているんだ。「私たちが知っている歴史」に関して、筆者はひとまず教科書に書いてある歴史を挙げている。

先生、教科書に書いてあることは、真実に決まっているじゃないですか！

では、なぜそれが正しいと認めたのかと、理由を持ち出しているね。

因果関係ですね。

うん、その理由は証拠があるからだとしている。その証拠となるものは、文字ができてからは、史料として残されているものだとしている。

歴史学者は証拠となる史料を調べて、そこから歴史的真実を捜し出すのだから、当然だと思います。

ところが、筆者は「では、なぜ史料に書き残されているのでしょうか。」と、さらに問題提起をしている。

結構、疑い深い筆者なのですね。それではそれに対する筆者の答えを探して読むことにします。

筆者はなぜ史料が今に残っているのかと問いかけている。それは時の権力者に都合がよかったからに他ならない。戦時中でも戦争に反対する文章は書けなかったし、もし書いたとしてもそれを滅却されるし、筆者は投獄されてしまう。ましてやもっと古い時代は権力に逆らうことなど到底できなかったに違いない。

逆に、滅ぼされた側、敗者が書き残した史料がもし残っていたなら、それを基に構築した歴史の方がかえって真実に近いのかも。

だから、筆者は最後に「私たちが知っている歴史が真実とは限らないというところに、歴史の本当の真実があるのです。」と結論づけている。

先生、問題提起をしてはそれに答えるというパターンを繰り返しているのだから、答えはエですね。今まで「イコールの関係」「対立関係」「因果関係」なんて、まったく頭に置かずに文章を読んでいたのですが、その結果、筆者の立てた筋道を無視して、自分の好きなように文章を読んでいたのですね。

それに気がついただけでも、大したものだよ。だから、文章を正確に、あるいは、深く読み取ることができなかったんだ。長い複雑な文章を読んだら頭の中がごちゃごちゃしただろうし、頭の中が整理できていないから、結局文章を読んでも右から左へと消えていってしまう。第一、理解できていないから、どれだけ文章を読んでもほとんど意味がないし、人に説明することさえできない。

先生、いくら何でも言いすぎです。でも、何だか頭の使い方まで変わっていきそうで、これから楽しみです。

第3章のポイント

- 一文の要点は主語と述語、目的語である。
- 筆者の主張には論証責任が伴う。
- 主張の条件は、①抽象的な表現であること、②論証していることの二点。
- 抽象と具体は、「イコールの関係」。
- 「イコールの関係」と「対立関係」で情報を整理する。
- 思考の中心は「原因」（理由）→「結果」の「因果関係」。

第4章

思考力を鍛える読書

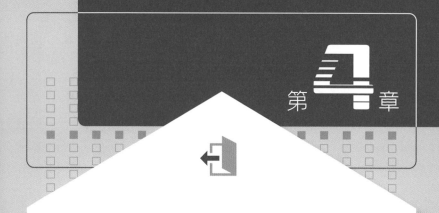

話を理解しやすくするために結末を先に読みましょう
えっと
すべては主人公の妄想だった……と

読書の効用は思考力を鍛え、教養を高めることにある

実際に何をどのように読めば論理的読解力が養成されるのでしょうか。

最も手軽に読解力の基礎を鍛えるには、毎日発刊される新聞を読むのが効果的です。紙媒体であろうと、デジタルであろうと、どちらでもかまわないので、新聞を毎日読む習慣を身につけてください。新聞には「巻頭随筆」「社説」「記事」「学者、評論家の寄稿した論説文」など、論理的な文章が満載です。この章ではまず論理力を獲得するための新聞等の読み方を講義します。

新しい時代を生き抜くために必要な因果関係、理由付けを身につけるためには、歴史書を読むのが効果的です。その史実は何を根拠としているのか、同じ事件を別の視点から見たならどう映るのか、その因果関係はどうなのかなど、まさに論理的思考を駆使して、歴史的真実を自分なりに追求するのも楽しいものです。

最後にストックノートの作り方を講義します。ストックノートは教養を身につけ、論理力を獲得し、知的生活を送るための必須の武器です。せっかく読みとった知識を確実に自分のものにするためには、ストックノートを活用してください。

読書の効用としては、主に四つあると思う。

一つは知識を獲得すること、二つ目は言葉の力をつけること、三つ目は思考力を鍛えること、四つ目は教養を身につけることだ。

まずは知識を身につけることから、考えてみよう。

先生、私はいくら本を読んでも、読んでいる先から忘れてしまい、ちっとも知識が身につきません。これでは資格試験なども合格できそうにないし、いったいどうしたらいいのかしら？

ハルカちゃん、先入主の話は覚えているかな？

はい。

誰もが先入主を通して文章を読むから、先入主が遮蔽を起こして、文章に光と陰ができ、私たちは同じように文章を読んでも光の部分だけを読みとって、陰の部分は意識に残らないという話をしたよね。

だから、筆者の意識で文章を読まないと、結局は好きなように読んでいるだけだって。本当にそうだなあって、思いました。

そうだね。論理的に読まないと、文章が頭に入らず、脳髄を通過していくだけなんだよ。もちろんその時々で印象的なエピソードや言葉が脳裏に残るかもしれないけど、それは断片的なものであって、知識として蓄積する可能性が少ないんだ。それはザルで水をすくう読書だと言ってもいい。

ザルで水をすくったら、全部抜け落ちてしまいます。エンターテイメントだったら、面白かったでいいけれど、勉強のための読書ならばそれではいけないですよね。

ただ本を読むだけで、そこに書いてある知識が頭に入ってくるとは信じない方がいいな。たとえば、資格試験や昇進試験などで学習する場合は、『「最強！」の記憶術』でも述べたけど、1冊のテキストを最低でも4、5回は繰り返さなければ記憶できない。あるいは、大切な箇所に線を引き、再読する場合、線を引いた箇所を中心にもう一度確認するとか、

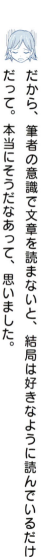

記憶すべき事項をノートに書き出したり、整理し、何度も繰り返したりと、本から知識を取り出すためにはみんな苦労を重ねているんだよ。

そうですよね。ただ読むだけで頭の中にどんどん入っていくって、勉強に関しては甘すぎます。

それ以前に、文章を論理的に読まないと内容を理解できないし、記憶することすらできない。

速読はどうですか？　最近まわりでも流行っていて、あっという間に1冊を読み終えたら、もの凄く知識が増えて、試験も楽々に突破できるのかなって。

うん。決して速読を頭から否定するつもりはないよ。目を早く動かす訓練をすることによって、脳の回転がよくなることもないわけではない。でも、速読法の大半は拾い読みの方法に過ぎないんだ。

論理で読むわけではないんですね。

目的と方法とを明確にすれば問題はないんだけど。速読ですべてが解決すると思ったら、非常に危険だね。どうでもいい情報とか、ビジネス文章など、短期間で拾い読みをするためには有効かもしれない。

でも、ここで講義しているような、深く理解するための読書であるとか、思考力を鍛えるための読書とかにはまったく役に立たないことだけは確かだ。

ザルで水をすくうことになりそうです。

あと小説を読む場合も、意味がない。これらはじっくりと読んで楽しみたいよね。せっかく1冊お金を払って買ったのに、10分で読み終えてしまったらもったいない。

ほんとですね。高いお金を払って映画館に行って、ダイジェスト版を見るみたいなものですから。そう考えると、無理に速読法を習う必要もないかなって思います。

必要な人は習っていいけど、思考力を高めたり、教養を身につけたいハルカちゃんには必要がないかもね。

言葉の力を獲得する

さて、二つ目の言葉の力だけど、これも読書の効用として忘れてはいけないものなんだよ。

言葉の力ですか？　でも、普段から言葉を使っていますけれど。

日常使っている言葉って、実用的なものであったり、単なるコミュニケーションの手段であったりで、本当に深い言葉、力強い言葉、あるいは、生き方に影響を与える言葉ではないよね。

言われてみれば、確かにそうですね。「眠たい」「疲れた」「寒い」「お腹空いた」「かわいい」「ダサい」「ウザい」朝から晩までこんな言葉ばかり使っているような気がします。

たとえば、夏目漱石が『こころ』の中で使った「淋しみ」。封建時代に藩とか家という集団から切り離された明治の知識人が、自分の心の底を凝視した吐血の言葉なんだよ。人は根源的に孤独な存在であり、それはどれほど愛する人が傍にいたとしても逃れようがなく、人はその「淋しみ」を引き受けて生きていくしかない、そんな言葉だ。

私もよく寂しいって思うことがあるけど、そんな友だちと遊びに行ったら解消されてしまいます。そんな「寂しい」とは次元の異なる言葉なんですね。でも「淋しみ」を心にじっと抱いている人って、本当に深みのある人間のような気がします。

そうだね。太宰治が『人間失格』で使った「道化」という言葉もそれに近いかもしれないな。主人公は生まれたときから人と異なる世界の見方をし、異なる価値観を抱いている。

だから、人間というものが分からず、その恐怖心から生み出したコミュニケーションの方法が「道化」だったんだよ。

私も『人間失格』を読んだことがあるけれど、本心を隠し、相手を笑わせることでしか安心することができない人間関係にぞっとしました。確かに私は主人公とはまったく異なる人間だけど、もしかすると、誰もがほんの少し似たようなところを持っているのかもって思うと、この作品がとても愛おしくなったのを覚えています。

太宰自身も道化を演じることが多かったらしく、道化とはある意味で人を欺《だま》す行為であるから、うまく道化を演じれば演じるほど罪悪感が深くなり、太宰は最後にそれに堪えきれなくなって自分で自分を滅ぼしていったのかもしれない。

「言葉の力」をつけるには、やはり文学作品を読めばいいのですか？

そうだね。評論などを読めば、抽象語や現代を象徴するキーワードなど、大切な言葉を獲得することができるけれども、やはり深みのある人間とか、教養のある人間になりたければ、それなりの言葉を獲得していなければいけないよ。

確かにギャル語のような言葉や省略語ばかりで話していたなら、ちっとも深みのある人間には見えませんね。そろそろ尊敬される大人に、私もならないと。

尊敬されるかどうかは分からないけれど、言葉は人格を表すと言うから、やはり文学をじっくりと読んで、それなりの深みのある言葉を獲得した方がいいと思うよ。

では、文学作品などの読み方も教えてくださいね。

よし、分かった。それは最終章で練習しよう。まずは思考力を鍛える練習から始めていこう。

新聞を利用して論理力を鍛える

思考力を鍛える材料として、新聞が一番身近で、効果的だよ。

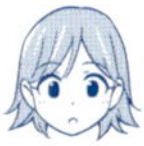

でも、最近の若い人は新聞なんて読まない人が多いです。ネット情報ではダメなんですか？

時々刻々と変化する情報を得るには、多少信頼性に欠けるけど、ネット情報でも問題ないんだ。でも、今の課題は論理力、思考力の鍛え方だよね。ネット情報は断片的なものが多く、しかも、読むのに苦労しないものがほとんどだから、あまり論理力を鍛えるのには適していないのかもしれない。

紙ではなくデジタル新聞でもかまわないが、新聞は毎日配達されてくるのがいい。特に大切なのは、朝日新聞の天声人語のように、各新聞には巻頭随筆があるから、これは必読。

なぜなら、決められた字数で、筆者の主張を論理的に書いた文章だから。

一般の記事は読む必要がないんですか？

もちろん読めばいいのだけど、大抵は事実を述べているだけで、ネット情報に比べて信頼性が高いけど、思考力を鍛えるにはあまり適しているとは言えない。

では、巻頭随筆以外で役に立ちそうな記事は何ですか？

記事というよりも、筆者の主張が明確で、それを論証しているような文章が論理力を鍛えるのに適切だと言える。社説も自分の主張を論じている点では効果的だけど、時事的な問題に片寄りすぎている点が難点かな。それよりも、「論壇」とか、「批評」のような、学者や評論家が自分の主張をまとめて書いてあるような文章や、夕刊に掲載された文化的な文章などが少し難易度は高いけど、力が付くものが多いよ。特に署名入りで寄稿された文章は必読だね。

普段は読み飛ばしていた文章ばかりです。

まずは小見出しを見て、自分が興味を持てる話題であったり、知識として獲得しておきたい分野だと思ったりしたなら、スクラップしておけばいい。デジタル新聞ならば、スクラップ機能が付いているものもあるよ。後で説明するけど、ストックノートを作ってそれに貼り付けておくのは最も効果的だね。

スクラップした文章がどんどん増えていくと、自分の知識が増えていくのが目に見えて、凄く楽しい気がします。

いくらスクラップしても、それらを読み込まなければ何の意味もないよ。あくまで論理力や思考力を鍛え、その上に知識や教養を身につけるために新聞を読むのだから、論理を意識して読まなければならない。

先生、何かコツはありますか？

そうだな。今までの説明である程度察しは付くと思うけど、まず小見出しに着目すること。小見出しは大抵「筆者の主張」を短い語句に縮めたものが多いんだ。「小見出し」を見てストックしたい記事を選ぶのが効果的だし、また「小見出し」が「筆者の主張」なら、後の文章はそれを論証したものだと言える。「要点と飾り」「イコールの関係」「対立関係」「因果関係」を意識して読んでいけばいいんだ。

「小見出し」って、意外と便利なんですね。今までほとんど気にすることなく、文章を読んでいました。

では、少し新聞に掲載された文章を読む練習をしようか。特徴としては、決められた字数で書かれた文章がほとんどということだ。ちょうど僕が日刊現代という夕刊紙にコラムを連載しているから、そこからいくつか取り上げて練習をしてみようか。

直接著者に教えてもらうのって、何だか得した気がします。

日和見主義者が国を滅ぼす

【例題12】

小林秀雄は孔子の中庸に関して、独自の解釈をしている。中庸とは一般に理解されているような極端を避ける生き方ではなく、むしろその逆で、これほど激しい生き方はないというのである。中庸とは自分で考える力の回復を意味するのだと。

世の中が大混乱になるのは、決まって日和見《ひよりみ》主義者が大半を占めた時である。日和見主義者は自分の頭で考え、判断するのではなく、じっと世の中の成り行きを見守っている。

私たちが知らないどこか上の方で、尽きることのない欲望を抱えた権力亡者たちが激しく闘争をしている。右と左の闘争の中で、権力がどちらかに傾いている時、世の中は安定する。大多数の日和見主義者達が権力側に付くからである。世の中が安定するということは、腐敗が進み、権力者が好き勝手をすることに他ならない。

一方、権力のバランスがどちらか一方に僅かでも傾いた時は、世の中は大混乱に陥る。大多数の日和見主義者達が勝ち馬に乗ろうと、一斉に権力が傾いた方に加担するからである。フランス革命、ロシア革命、辛亥革命の後、大虐殺が起こったではないか。昭和初期、日本も共産主義やプロレタリ文学運動が盛んになった後、あっという間に軍国主義へと傾いていった。

日和見主義者が多い世の中はどちらにせよ、ろくなことはない。孔子が生きた時代も戦国時代で、思想が極端から極端へと傾いた。そんな時代を救済しようと、孔子は考えることの自立性の回復を試みたのである。

翻《ひるがえ》って、現代の日本はどうだろうか？

小泉純一郎元首相が自民党をぶっ潰すと叫び、郵政民営化を掲げて選挙で圧勝、次は政権交代を掲げた民主党の圧勝、そして、現在の安倍政権の高い支持率、そして、手のひらを返したようなバッシング。

何てことはない。自己の欲望を思想によって正当化した権力亡者と、自分で考えることもせず、時々の権力に迎合するだけの日和見主義者達。

日和見主義者が増えた時、ろくな世の中にならない、それだけは確かである。

せ、先生。何だかよく分からないけど、先生って、結構過激なことを書くのですね。

いや、これでも遠慮しているんだよ。せっかく大勢の人たちに読んでもらうのだから、たとえ反発されても、考えるきっかけになってくれたらと思ってね。

ところで、主旨をしっかりと読み取れた？

最初は小林秀雄さんの引用でした。「中庸」についての捉え方が私たちのそれとは異なるって。

「中庸」というと、右でも左でもなく真ん中の穏健な考え方だと思われがちだよね。しかし、小林秀雄はこれほど激しい生き方はないと断じている。小林秀雄の「中庸」はどんな意味だと書いてある？

自分で考える力の回復です。ということは、誰もが自分でものを考えていないということですか？

それを何ていう言葉で述べている？

え〜と、「日和見主義者」かな。

そうだね。「日和見主義者」は自分でものを考えることをせずに、世の中の流れがどちらに行くのか、日和見をしている人のことだよ。一見「中庸」に見えるけど、実は小林秀雄の言う「中庸」とはまったく逆なんだ。

あっ、「対立関係」ですね。

世の中が極端に動くのは思想によってではなく、日和見主義者たちが増えたからなんだ。ほんの一部のところで激しい権力争いがあるんだが、どちらか一方の権力が大勢を占めているときは世の中が安定する。なぜなら、日和見主義者たちが何も考えずにそれに従うか

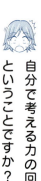

らだ。ところが、長い間権力が安定していると、必ず内部から腐敗が起こってくる。

平安末期や江戸末期がそうですね。

一方、激しい権力闘争の果てに、僅かでもそのどちらかに権力が傾いたとき、世の中は大混乱に陥る。

大多数の日和見主義者が勝ち馬に乗っかろうとそれに加担するからですね。その証拠として挙げた具体例が、「フランス革命、ロシア革命、辛亥革命の後、大虐殺が起こった」なんだ。本当に「イコールの関係」「対立関係」を駆使しています。

うん。孔子が生きた戦国時代も極端から極端に傾いた時代で、その原因が日和見主義者だと看破した孔子は、考え方の自立性の回復を「中庸」と名づけたんだ。そして、こんな激しい生き方はない、と。

それなのに、私たちは「中庸」を穏健な生き方だと、真逆に捉えていたんだ。

実は小林秀雄が「中庸」を説いたのは、昭和27年のことなんだ。この時は日本はどんな状態だったか分かる？

確か昭和20年が終戦だったと、歴史の時間に覚えました。それから7年後ということは——。

うん、昭和初期にはプロレタリア文学が興隆したが、すぐに軍国主義に傾いていく。つまり、当時は左から右へと短期間で極端に傾いたんだ。そして、鬼畜米兵といっていた人たちが、その7年後にはアメリカ万歳、民主主義は素晴らしいと言い始めた。

小林秀雄は茫然としたに違いない。何だ、誰もが思想を口にしたけど、本当は何も考えていない日和見主義者たちばかりだったんだと。

先生、今の日本は何だか怖いです。以前よりも日和見主義者たちが増えている気がするんです。このまま行ったら、また戦争が始まるのかしら。

僕も危機感を抱いているから、この文章を書いたんだよ。

他者意識の欠けた現代社会の末路はヒステリックな世論の形成

【例題13】

他者意識とは、たとえ家族であっても、お互いに別個の人間である限り、そう簡単には分かり合えないという意識である。相手が他者である限り、感覚は通用しない。だから、自ずと筋道を立てなければならない。つまり、物事の筋道である論理力は、他者意識が強いほど自然と養成されることになる。

子どもの環境を考えると、家庭では家族、学校では同級生と、ある程度決まった人間関係の中で暮らすことになる。当然、他者意識が芽生えにくく、コミュニケーションも自ずと感覚的になり、言葉は省略へと向かう。

では、なぜ論理力が必要なのだろうか？

まず活字化された文章は不特定多数の他者に向けて書かれたものであり、それゆえ、必ず筋道を立てる。文章とは国語に限らず、英語でも算数・数学の文章題でも同じことである。それなのに、筆者の立てた筋道を無視して、自分勝手に読み、自分勝手に設問に答えるから、いくら学習しても効果を得ることができない。他者意識が希薄な子どもは同じテキストから自分の都合のいいところだけを読み取り、主観で再解釈する。他者意識を持たない限り、論理的な読み方など到底不可能である。

他者意識が希薄な子どもはたとえ受験で成功しようとも、社会に出ると苦労する。社会とは、年齢も生い立ちも立場も異なる他者の集まりであって、そこでは感覚が通用するはずがない。

今やグローバル化の時代だという、グローバル時代に必要なのは、決して英語ではない。アメリカでは小学生でも英語をしゃべるが、彼等がグローバル人間かというと、そうではないことは自明である。

真のグローバル人間とは、民族も宗教も教育も異なる強烈な他者を受け入れることができる人間のことである。私たちはすでにそうした他者を受け入れる能力を持てなくなっているのではないか。

記憶・計算を中心とした今の教育の末路は、他者意識と論理力が欠けた、ヒステリックで感情的な世論の形成である。

これはいつも先生がおっしゃっていることだから、すんなりと頭に入って来ました。それに前の文章と内容が連続しているみたい。日和見主義者たちを増やさないためには、まず教育を変えなければいけないのですね。

おっ、よく分かったね。まず論理力は他者意識が前提だとして、その上で今の教育環境を論じているね。

はい。今の子どもたちの環境と言えば、家庭と学校。家庭では家族と暮らしているので、他者意識がなくても困らない。私も家族とはずっと単語だけでコミュニケーションを取っていました。学校でも仲の良い友だちとしかあまり話をしなかったなあ。だから、きちんと説明しなくとも分かり合える気がしていました。「あの先生ウザいね」と言ったら、友だちも「ほんと、ウザい」って。で

も今思えば、何がウザいのか、まったく説明抜きだったわ。こうやって日和見主義者が大量生産されていたのですね。

そうだね。活字化された文章はすべて他者に向けて書かれたものなので、他者意識が欠けた子どもたちは論理的な文章が理解できないし、すべての土台となる論理力を醸成されないのだから、あらゆる科目が伸びてこない。

日和見主義者の道にまっしぐらです。

現在はグローバル時代。民族も宗教も言語も文化も異なる強烈な他者を受け入れる能力こそがこれからの時代に最も必要なのに、今の教育はまったくそれに対応できていないどころか、対応しようともしていない。

最終結論は、「記憶・計算を中心とした今の教育の末路は、他者意識と論理力が欠けた、ヒステリックで感情的な世論の形成である」ですね。今ならよく理解できます。

AI時代の教育には親や教師がまず学ぶべきである

【例題14】

自分が過去受けてきた教育を子どもたちに押しつける教師、親がいる。なまじ自分たちが成功してきた方法だけに、自信を持って子どもに強要する。とんでもない間違いである。

時代は大きく変わったのである。小学生に将来どんな仕事に就きたいのと、馬鹿な質問をする人がいるが、子どもたちが社会に出る頃、現在存在している仕事の半分ほどはなくなり、残り半分ほどは今存在していない仕事なのである。

今までは膨大な知識をため込むのに耐えることができる子ども、短時間で正確に計算できる子どもが優秀とされてきた。しかし、これからはコンピューターやロボット、AIが人間の仕事を肩代わりすることになる。コンピューターが得意なのは記憶と計算。どんなに頭の良い人間が努力したところで、この二つだけはコンピューターにかなうわけがない。それなのに、子どもたちにまだ記憶と計算を強要するのだろうか。

細かい知識など、何も記憶しなくても、スマートフォンなどで検索すればすむことである。日常生活では、おつりの計算さえできれば、何の不自由もない。それ以上の計算は電卓かコンピューターに任せればいい。漢字の読み書きはワープロが自動変換してくれる。

後に残るのは、言語だけである。コンピューターやAIを動かすのもまた言語である。相手は機械だから、感覚はまったく通用しない。他者に対して、言葉を論理的に扱う技術こそが何よりもこれから必要なのだ。

つまり、社会が必要とする学力がかつてのものと大きく変わったのである。論理的に考える力、論理的に表現する力こそがこれからの社会が要求する学力なのに、未だに詰め込みを強要する大人たち。その結果、将来自分でものを考えることができない人、誰かが答えを持っていると信じ込み、人が与えた答えを疑うこともなく呑み込む人、感情的にしか言葉を操ることができない人、そういった大人たちが量産され、ヒステリックな世論が形成される。

子どもたちは自分の受ける教育を自分で選択することはできない。だが、その責任を生涯にわたって負うのは、子どもたち自身なのである。

前の文章と連続するような内容ですね。

そうだよ。何度繰り返し訴えてもまだ足りないほど、僕は今の教育に危機感を抱いている。

先生のそんな思いがよく伝わっている文章だと思います。「小見出し」は、「AI時代の教育にはまず親や教師が学ぶべき」。これを頭に置いて、先生がそれにどう肉付けをしたのかを読みとればいいのですね。

ハルカちゃん、発言内容がだいぶ変わってきたね。

はい。才色兼備にあと少しというところです。

因果関係をしっかりと理解して、整理できたかどうか、だね。

「対立関係」を意識しました。今の時代＝コンピューター・ＡＩ、それに対して、古い教育＝記憶と計算。どんなに優秀な子どもがどれほど努力しても、記憶と計算だけはコンピューターには勝てません。

それなのに未だに親と教師は自分たちの古い教育を子どもたちに押しつけている。

だから、まずは親と教師が新しい教育を理解したり、学ばなければならないのですね。

そうだね。ＡＩ時代に必要なのは、何よりも言語の論理的な使い方なんだ。そして、小学生の頃までは子どもは自分の受ける教育を自分で決めることができない。

本当に親の責任は重たいですね。

「小見出し」を利用することが最も有効

今度は新聞ではなく、一般的な本を読むときのアドバイスをしよう。もちろん小説などの文学作品については後ほど説明するよ。

はい、お願いします。

まずは本の選び方。大切なのはリアルな書店に直接足を運ぶこと。

えっ！　先生、遅れています。今ならアマゾンなんかで家にいながら本を購入することができるし、電子書籍もとても便利です。

それらを利用することを否定しないけれど、それでも直接書店には行かなければならないよ。たとえば、アマゾンなんかで本を買うと、次にＡＩが購入履歴からその人が関心を抱きそうな本を紹介してくるよね。

はい、なんで私が読みたい本を知っているんだろうって、時々びっくりします。

確かに便利だけど、自分の関心のある分野の本ばかりが紹介されてくるから、それ以外の本が目に入らなくなるんだ。

あっ、だから、時々は書店に足を運んで、どんな本が売れているのかなど、自分の目で確かめなければいけないんだ。

売れている本だけでなく、いろいろな棚を見ていると、思わぬ本が目に入ったり、普段自分が関心を抱いたことのない本に目が行ったりすることがある。それがその人の世界を広げることにつながるんだ。特に今はＳＮＳが発達しているから、自分の好きな情報が向こうから集まって来て、その結果、それ以外の情報が目に入らなくなる。それが怖い。

アマゾンの購入履歴がそうですね。それにＳＮＳでも、どうしても似たような人たちが集まり、そこでやりとりしている意見や情報と、別のネット上の集団でのそれとはまったく異なることがあって、時々びっくりします。

うん。たとえば、右寄りの人は右寄りの本ばかりを読んで、やはり俺の考えは正しかったと確信し、左寄りの人は左寄りの本ばかり読んで自分が正しかったと思う。お互いに自分は正しくて相手が間違っていると、ヒステリックに攻撃し合う。
そんな世の中では、ＳＮＳで交わされる意見や情報に片寄ることなく、書店に足を運んで、広くものを眺めることが大切なんだよ。

そうですね。では、書店で購入するとき、コツってあるのですか？

やはりここでも「小見出し」を利用すること。大抵の本はその「小見出し」が目次となっているから、そこで全体を俯瞰することができる。

「小見出し」を見れば、だいたいの内容が一覧できるのですね。

そうだね。本文では「小見出し」の内容が論証されているわけで、話題が変われば、「小見出し」が変わると思っていい。だから、「小見出し」を頭に置いて、それをどのように論証しているかを読みとっていけばいい。

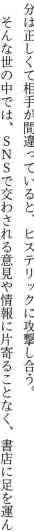

そうか！　では、まず本のタイトルを見て、関心を抱くことができたら、目次で「小見出し」を確認し、読みたいと思うかどうかで判断するのですね。

ただし「ビジネス本」や「自己啓発本」の場合は気をつけた方がいい。ここだけの話だが、こういった本は著者ではなくライターが書いたものがほとんどだし、仮に著者が書いたとしても、本のタイトルや「小見出し」は編集者や営業が付けることが一般的なんだ。

えええ！　知りませんでした。

小説などの文学作品はともかく、それ以外の本なら編集者や営業担当者がいかにも売れそうな本のタイトルを考えたり、「小見出し」を付けたりするんだよ。そんな場合は、「小見出し」だけは面白そうだけど、実際中身を読んでみるとがっかりすることがある。

先生、1冊の本を買うのだって、私の給料では大変なことなんです。どうしたらいいのか、いい方法を教えてください。

本のタイトルや目次なんかで興味を抱いたら、次に「はじめに」「終わりに」を読んでみるといい。これらは大抵著者が直接書いたものが多いし、この本が何を意図して書いたのか、どのような内容になっているのかなどが説明されている。

本を買ってしまう前に、それらをチェックするのがいいわけだ。

後は最初の数ページを立ち読みしてみること。内容はよくても、文章自体が性に合わないとか、「小見出し」は立派だけど、内容はたいしたことがないなど、数ページを読むだけで大抵は分かるものなんだよ。

そうか、早く、私もそんな本読みになりたいです。

では、少し難易度をアップして、含蓄のある文章を読んでいこうか。

比喩的表現を理解せよ

【例題15】

次の文章を読んで、後の問に答えよ。

日常生活の世界と詩歌の世界の境界は、ただ一枚のガラス板で仕切られている。

このガラスは、初めから曇っていることもある。

生活の世界のちりによごれて曇っていることもある。

二つの世界の間の通路としては、通例、ただ小さな狭い穴が一つ明いているだけである。

しかし、始終ふたつの世界に出入していると、この穴はだんだん大きくなる。

しかしまた、この穴は、しばらく出入しないでいると、自然にだんだん狭くなって来る。

ある人は、初めからこの穴の存在を知らないか、また知っていても別にそれを捜そうともしない。

それは、ガラスが曇っていて、反対の側が見えないためか、あるいは……あまりに忙しいために。

穴を見つけても通れない人もある。

それは、あまりからだが肥り過ぎているために……。

しかし、そんな人でも、病気をしたり、貧乏したりしてやせたために、通り抜けられるようになることはある。

まれに、きわめてまれに、天の焔《ほのお》を取って来てこの境界のガラス板をすっかり熔《と》かしてしまう人がある。

寺田寅彦『柿の種』

問　「そんな人」とは具体的にどんな人か、比喩の内容を考えた上で、十五字以内で説明しなさい。

先生、この文章、何だか面白い。「筆者の主張」は読みとりにくいけど、何か大切なことを伝えたいのだと感じるの。

作者の寺田寅彦は夏目漱石門下で、当時日本を代表する物理学者であると同時に、名随筆家でもあったんだよ。

へ～、漱石の弟子だったんだ。その割には今読んでも古い文章って、感じがしません。

そうだね。では、寺田寅彦の随筆集『柿の種』から問題を作ってみたんだけど、この文章が分かりにくいのは、全体を通して比喩表現を駆使しているからなんだ。

「筆者の主張」が「日常生活と詩歌の世界は一枚のガラス板で仕切られている」ということなのは分かりました。先生、比喩って、どんな時に使われるのですか？

主に二通りあるんだ。「筆者の主張」は抽象度が高いから、「理屈は分かるけどなんかピンと来ないな」と思われる可能性がある。そんな時、それをもっと身近なものに置きかえたら実感しやすい場合があるんだよ。その時の比喩は分かりやすくするためのものだね。
一方、文学的表現に多いのだが、抽象的で言語化しにくいものを表現するとき、何かイメージ的に近いものに置きかえるときがあるんだ。この場合はなにをたとえたものか、具体的に指摘しにくいのが特徴なんだ。今回の文章は後者の場合かな。

言語化しにくいものですか。そう言えば、以前先生が石川啄木の詩を比喩の例として紹介してくださったのを思い出しました。「テロリストの悲しみ」を「一匙《さじ》の冷めかけたココア」にたとえてあったと思います。確かに「テロリストの悲しみ」は言語化することが難しいです。

よく覚えていたね。もちろん「一枚のガラス板」は比喩で、言葉では説明しにくいものだ。日常生活の世界と詩の世界との間にある板だ。私たちは日常、詩について考えることはあまりないから、普段はこのガラス板は曇っているんだ。

私も普段は仕事やお金、恋愛にグルメ、ファッションなどのことを考えていて、

詩についてなんて考えていません。

でも、作者は二つの世界を分ける板には小さな穴が空いていると指摘している。その穴は絶えず出入りすることで次第に大きくなる。

ということは、日常生活の合間に絶えず詩の世界に入ろうとする人は穴が次第に大きくなるけど、日常生活にしか関心のない人は穴が塞がってくるってことですね。

それでも病気や貧乏をすると、文学の世界への入り口であるその穴を通り抜けられるって。だから、文学者には病気や貧乏で苦しんでいる人が多いのですね。

さて、「そんな人」とは具体的にどんな人かという問についてだけど、指示語は直前から検討すること。しかし直前から探すといっても「あまりからだが肥り過ぎているために」は理由の箇所だから、答えにならないよ。

はい。「穴を見つけても、通れない人」のことです。

そうだね。でも、これは比喩で、設問には「具体的」という条件が付いているから、これを具体的に書きかえなければならないよ。

末尾の「きわめてまれに、天の焔を取って来てこの境界のガラス板をすっかり熔かしてしまう人」って、中原中也のような天才詩人のことですね。

【解答】 日常生活にしか関心を抱かない人（詩歌の世界に関心を抱かない人）。

【例題16】 次の文章を読んで後の問いに答えなさい。

　宇宙の秘密が知りたくなった、と思うと、いつのまにか自分の手は一塊の土くれをつかんでいた。そうして、ふたつの眼がじいっとそれを見つめていた。

　すると、土くれの分子の中から星雲が生まれ、その中から星と太陽とが生まれ、アミーバと三葉虫とアダムとイヴとが生まれ、それからこの自分が生まれて来るのをまざまざと見た。

…そうして自分は（　１　）になった。

しばらくすると、今度は、なんだか急に唄いたくなって来た。と思うと、知らぬ間に自分の咽喉から、ひとりでに大きな声が出て来た。その声が自分の耳にはいったと思うと、すぐに、自然に次の声が出て来た。

声が声を呼び、句が句を誘うた。

そうして、行く雲は軒《のき》ばに止まり、山と水とは音をひそめた。

…そうして自分は（　２　）になった。

寺田寅彦『柿の種』

問　（　１　）（　２　）に入るものを、次の選択肢から選んで、記号で答えなさい。

ア　歌手　　イ　考古学者　　ウ　詩人　　エ　教師　　オ　声楽家
カ　科学者　　キ　数学者

これも不思議な感じの文章ですね。散文詩かな。選択肢すべて職業だから、どんな職業に就いたのかを考えればいいのね。

この問題も論理力を試すものだよ。

えええ！　私には凄く感覚的な文章のように思えます。（　１　）は「アミーバと三葉虫」とあるから、「考古学者」かな？

「星雲」「星と太陽」などがあるから、「考古学者」ではないよ。文章全体をよく見てごらん。何か気がつくことはないかな？

え？　あっ、二つの段落からできていて、この二つの段落の最後とも、「……そうして自分は（　　）になった。」という同じような文になっています。

よく気がついたね。実はこの文章は二つの段落が「対立関係」になっているんだよ。だから、選択肢に入る職業も対立語を選べばいいんだ。

分かりました。（　１　）は科学者で、（　２　）は詩人ですね。あっ、そう言えば、寺田寅彦は物理学者であると同時に文学者でした。きっと自分の過去を振り返った文章なのですね。

そうだよ。寺田寅彦は科学者であるにもかかわらず、彼の書いた文章はどれも詩的で含蓄がある。さすが漱石門下というところだね。

【解答】（1）カ　（2）ウ

さらに高度な読解力を磨いていこう。今度は芥川龍之介の文章だよ。

芥川龍之介って、写真で見ても、何かもの凄く頭が良さそうで、難解な文章を書いているイメージがあります。私なんかに分かるかしら。

大丈夫！　だって、知的で、教養溢れる女性になるんだろ？

そうでした！　頑張って挑戦します。

技巧を凝らした文章の読解

【例題17】

次の文章の要点を二十五字以内でまとめなさい。

「侏儒《しゅじゅ》の祈り」

わたしはこの綵衣《さいい》を纏《まと》い、この筋斗《きんと》の戯を献じ、この太平を楽しんでいれば不足のない侏儒でございます。どうかわたしの願いをおかなえ下さいまし。

どうか一粒の米すらない程、貧乏にして下さいますな。どうか又熊掌《ゆうしょう》にさえ飽き足りる程、富裕にもして下さいますな。

どうか採桑の農婦すら嫌うようにして下さいますな。どうか又後宮の麗人さえ愛するようにもして下さいますな。どうか菽麦《しゅくばく》すら弁ぜぬ程、愚昧《ぐまい》にして下さいますな。どうか又雲気さえ察する程、聡明にもして下さいますな。

とりわけどうか勇ましい英雄にして下さいますな。わたしは現に時とすると、攀《よ》じ難い峯の頂を窮め、越え難い海の浪《なみ》を渡り――云わば不可能を可能にする夢を見ることがございます。そう云う夢を見ている時程、空恐しいことはございません。わたしは竜と闘うように、この夢と闘うのに苦しんで居ります。どうか英雄とならぬように――英雄の志を起さぬように力のないわたしをお守り下さいまし。

わたしはこの春酒に酔い、この金鏤《きんる》の歌を誦し、この好日を喜んでいれば不足のない侏儒でございます。

芥川龍之介『侏儒の言葉』

せ、先生、何ですか、この文章は。目がチカチカして、内容が全然頭に入って来ません。第一、冒頭から「わたしはこの綵衣を纏い、この筋斗の戯を献じ、この太平を楽しんでいれば不足のない侏儒でございます。」って、わけが分かりません。

そういう時は、焦らずに一文の要点を抜き取ってごらん。

あっ、そうか！　主語が「わたしは」で、述語が「侏儒でございます」。あれ？何だ、「わたしは侏儒でございます」。あとは全部かざりなんだ。でも、肝心の「侏儒」の意味が分かりません。

ははは、それは困った。「侏儒」とはこびと、あるいは小人のこと。この場合は気の小さな臆病者といったところかな。

「侏儒の祈り」か。平々凡々な、気の小さな庶民がどんなことを祈るのだろう？でも、やはり文章が難しすぎます。

実はこの文章全体が「侏儒の祈り」の具体例みたいなものだよ。具体例はすべて「イコールの関係」だから、どれか一つ分かれば、後は全部同じこと。一番分かりやすそうな具体例を探してごらん。

あっ、見つけました。「どうか一粒の米すらない程、貧乏にして下さいますな。どうか又熊掌《ゆうしょう》にさえ飽き足りる程、富裕にもして下さいますな。」貧乏も嫌だけど、お金持ちも望まないってことですね。確かに「侏儒の祈り」です。

最後に結論をもう一度まとめている。「わたしはこの春酒に酔い、この金鏤《きんる》の歌を誦し、この好日を喜んでいれば不足のない侏儒でございます。」

ふ～ん、何か芥川龍之介のイメージと違うな。なんでこんな文章を書いたのですか？

それは僕にも分からない。でも、後世にまで文学者として名を残したけど、芥川龍之介は結局自殺をしてしまう。だから、心のどこかで大それたことに対して怯えていたのかもしれないね。そう考えると、凄く面白い文章だな。

芥川龍之介も考えてみれば、かわいそうですね、私は平凡は嫌だけど、後世に名前を残さなくても、まわりから才色兼備の女性として、せめてちやほやされたいです。

【答】 私は大望ではなく、平凡な幸せだけを願っている。

【例題18】

問 （　１　）（　２　）に入る言葉を、次のア〜カの中から選び、記号で答えなさい。

> 人生は一箱の（　１　）に似ている。重大に扱うのは莫迦《ばか》莫迦《ばか》しい。重大に扱わなければ危険である。
>
> 又《また》

人生は（２）の多い書物に似ている。一部を成すとは称し難い。しかし兎《と》に角《かく》一部を成している。

芥川龍之介『侏儒の言葉』

ア　落丁　イ　欠陥　ウ　菓子　エ　煙草　オ　マッチ　カ　栞

先生、やったあ！　今度は文章が短いです――と思ったら、わけが分からない。

（１）（２）ともに「〜に似ている」となっているね。だから、比喩を考えたらいいんだよ。

あっ、そうか。比喩って、「イコールの関係」でしたね。

うん。何を何にたとえたのか、そして、両者の共通点は何かを考えれば、大抵の比喩の問題は解けるよ。ともに「人生」についてだよ。

（１）は直後の「重大に扱うのは莫迦莫迦しい。重大に扱わなければ危険である」から考えればいい。

分かった！　それは「マッチ」です。

（２）は「一部を成するとは称し難い。しかし兎に角一部を成している」から考える。

「書物」のことだから「落丁」かな。

正解。「落丁」というのは製本のミスでページが脱け落ちていることだね。

【解答】（1）オ　（2）ア

では、第4章のまとめとして、総合問題にチャレンジしてみようか。この問題は「論理文章能力検定」で、僕が実際に出題したものだよ。

へえ～、この長い文章も先生が書いたものですか？

寺田寅彦、芥川龍之介の文章の後で申し訳ないけれど、あくまで論理力を鍛える材料だと思ってほしいね。

時間は未来から過去へと流れていく

【例題19】

次の文章を読んで、後の問に答えなさい。

時間はどのように流れているのだろうか？

私たちは過去から、現在、未来と一直線に流れていると信じ込んでいる。

確かに、それはその通りだろう。

だが、私たちは楽しいときはあっという間に過ぎ、嫌なときは時間がたつのが遅いということを体験上知っている。（　１　）、授業を受けていても、自分が好きな授業と嫌いな授業では、同じ一時間でも早さが異なっている。その時、時間は決して均質には流れていないのだ。

前者は外的時間、後者は内的時間、（　２　）、意識の時間と言ってもいいかもしれない。外的時間とは、私たちの意識の外にある均質な時間であり、まさに時計の時間である。それに対して、内的な時間はその人の意識の在《あ》り方によって決して均質には流れない。マラソン選手と百メートル走の選手との時間感覚は明らかに異なる。

（　３　）、私たちはこの時間というものを、どのように受けとったらいいだろうか？

過去から、現在と時間が流れているならば、現在は過去に縛られているわけである。過去に何らかの原因があって、その結果、この現在が成り立っているわけである。だが、果たしてそうであろうか？

そうならば、私たちはずっと過去に縛られて生きなければならなくなる。過去はもうやり直すことができない。そうした過去が原因で、現在の結果があるならば、次の瞬間、この現在も過去となるわけで、そうすれば、今度は私たちの未来がその過去に縛られることになる。これではつらい。私たちはやり直しのきかない過去に、生涯にわたって縛られ続けることになるからだ。そうした時間感覚を前提に夢を抱けといわれたところで、私たちは途方に暮れるばかりである。

いっそのこと、逆転の発想で、時間は未来、現在、過去と、逆の方向に流れていると考えてみたならどうだろう。過去はすでに終わったことで、もう消えてしまっているものである。現在もその瞬間に過去となり、残るものは未来だけである。川の水は上流から下流へと流れ続けるのだが、私たちはその川の中流に立っている。すでに下流へと流れ去った過去はもう二度と戻ってこない。中流にある水もあっという間に下流へと流れ落ちていく。

私たちは未来から流れてくる水の流れだけをしっかりと捉えるように意識すればいいのである。

人生は旅である。これは昔からよく言われていることである。それはどういうことかというと、明日はどうなるか分からない、だから、旅してみるしかないということである。たとえば、平安時代、京の都の人にとって日本三景の一つの天橋立を見るのは、日本海までいくつも山を越さなければならない、命がけの旅であった。

今のように、テレビも写真もなかったから、本物の海など見たこともない。人の話や絵などを通して、海のイメージはおぼろげにあるかもしれないが、それがどのような広さで、どのような色をしているのか、実感がわかない。山を登っている途中で日が暮れると遭難するかもしれないし、途中、追いはぎや盗賊に命を奪われるかもしれない。まさに明日は生きているかどうか分からないのである。そうやって苦労を重ねて、あるとき突然山の頂から初めて見る海の情景が目に飛びこんできたなら、その驚き、感動は一体どれほどだろう。

（　４　）、昔の人はその感動を歌に詠み込んだのであり、私たちにはその歌を鑑賞したところで、その時の歌人の感動を自分のものとすることはできないのである。

私たちは旅をする道中で、様々なものとすれ違い、様々なものと出会う。まさに人生は旅ではないか。明日はどうなるか分からない、だから生きてみる価値がある。そして、次々に出会う未知の出来事に一つ一つ感動し、生きていることを実感する。それは川の上流から流れる水を捉え、川下に流れ去る水にとらわれない生き方を意味する。

（５）、今や人生は旅ではなく旅行である。いや、パック旅行である。私たちは海外に旅行に行くときも、すでに旅行ガイドやパンフレットなどでその土地のことをほとんど知り尽くしている。いつ、どこに到着し、そこには何が待っているかも分かっている。すでに情報によって知っていることを確認するために、実際現地に出かけているようなものである。そこには危険もない代わりに、新鮮な驚きや未知への冒険もない。一体何が楽しいのか。

時間が過去、現在、未来と一直線に流れていると信じ込んでいる人は、過去に縛られて自分の将来を決め込んでいるだけに、夢も希望も抱けない。自分が中流階級だと決め込んだ人は、すでに情報によって先取りした中流階級の人生を、生涯にわたって確認するしかない。生きることは、その確認作業に過ぎないのか。一度きりの人生、それではあまりにつまらない。

私たちはまだ生きてもいない未来を、なぜ過去や現在によって、あるいは様々な情報によって決めつけてしまわなければならないのだろう。未来はまだ存在していない。情報はいくらでも書き換えることができるし、私たちはこれから生きるのであって、誰もがどんな可能性でもあるのである。未来に何が起こるか分からない、だから、人生は冒険であり、面白いのであって、生きてみなければ分からないから、未来に向けて今を生きる意味があるのである。

だから、時間の流れを今こそ逆転しよう。時間は、未来から現在、そして過去へと過ぎ去っていくものなのである。

問一 （1）〜（5）に入ることばを次の選択肢から選び、それぞれ記号で答えなさい。

ア ところが　イ つまり　ウ たとえば　エ では　オ だから

問二 「時間が過去、現在、未来と一直線に流れている」という考えと逆の考えを、二十五字以内で答えなさい。

問三 なぜ「時間が過去、現在、未来と流れている」と考えてはいけないのか、その理由を二十五字以内で説明しなさい。

問四　「川の流れ」と「平安時代の旅の話」の論理的な役割について、次の選択肢ア～キの中で適切なものを二つ記号で答えなさい。

ア　「川の流れ」は筆者の時間に対する考えを説明するための具体例である。

イ　「川の流れ」は筆者の時間に対する考えと反対の具体例である。

ウ　「川の流れ」は、時間が過去から現在、未来と流れることを示した比喩である。

エ　「川の流れ」は、時間が未来から現在、過去と流れることを示した比喩である。

オ　「川の流れ」と「平安時代の旅の話」とは、「対立関係」にある。

カ　「平安時代の旅の話」と「現代の旅行」とは、「イコールの関係」にある。

キ　「平安時代の旅の話」と「現代の旅行」とは、「対立関係」にある。

せ、先生！　「イコールの関係」「対立関係」「比喩」と、論理がオンパレードです。

よく分かったね。ハルカちゃんも、そろそろ僕の講義、卒業に近づいてきたかもしれないね。

この文章の趣旨は時間のとらえ方ですね。私たちは過去から、現在、そして、未来と時間をとらえているが、これは過去に縛られて生きることではないか、ってこと。これでは夢も描けません。
それに対して、結論は文章の末尾、「だから、時間の流れを今こそ逆転しよう。時間は、未来から現在、そして過去へと過ぎ去っていくものなのである。」。たとえ長い文章であっても、全体としてしっかりと筋道が立っています。

ありがとう。では、時間が過去から現在、未来へと一直線に流れていることの具体例は？

え〜と、「人生はパック旅行」です。何時にどこについて、そこには何があるのか、すでに決められたところを確認していくだけの人生で、それでは生きた意味がありません。

うん。それに対して、時間が未来から、現在、過去へと流れている考えは「対立関係」だね。その具体例は？

はい、もう分かります。昔の旅です。命がけで歩いてみなければ、明日に何が待っているか、分かりません。だから、毎日が新鮮だし、歩いてみる価値があるのだと思います。

では、時間が未来から流れているという生き方を比喩的に表現したものは？

川の流れです。川は上流から下流に向かって水が流れていきます。だから、私たちは過去に縛られることなく、上流から流れてくるものをしっかりと掴まえればいいのです。

大したものだ。では、問一から行こう。接続語の問題は文と文との論理的関係から決めるのだったね。

論理的な思考力を鍛えるには、もってこいです。では、行きます。（1）直後は具体例だから、「たとえば」。（2）言い換えだから、「イコールの関係」の「つまり」。（3）話題の転換の「では」。（4）因果関係だから、順接の「だから」。（5）前の内容をひっくり返しているから、逆接の「ところが」。

正解。では、問二は？

これは簡単。時間は未来、現在、過去へと過ぎ去っていく。

問三は？

「時間が過去、現在、未来と一直線に流れていると信じ込んでいる人は、過去に縛られて自分の将来を決め込んでいるだけに、夢も希望も抱けない。」とあるから、これは字数以内にまとめます。

では、最後に問四は？

「川の流れ」は筆者の時間に対する捉え方を比喩的に表現したものだから、ア「具体例」、イ「反対」、ウ「過去から現在、未来と流れる」を消去。「平安時代の旅の話」も筆者の考えの具体例で、「現代の旅行」はその逆の例だから、「対立関係」としたキが正解。

卒業！

【解答】

問一　(1)ウ　(2)イ　(3)エ　(4)オ　(5)ア

問二　時間が未来から現在、過去へと過ぎ去っていく。

問三　過去に縛られて、将来への夢も希望も抱けないから。

問四　エ・キ

第４章のポイント

- ザルで水をすくう読み方を止める。
- 深い文章を読むことで、言葉の力を獲得せよ。
- 新聞を利用して、日常的に論理を鍛える。
- 「小見出し」を利用することで、全体を俯瞰する。
- 比喩表現は「イコールの関係」。
- 複雑な文は要点をつかまえる。

第5章

教養を深める読書

高原の風を感じながら
読書に耽る
豊かな時間――
風が強すぎる…
ババ
ザザ
バババ
ザザザ

教養を深める読書

教養を深めるためには、名作と呼ばれる作品に触れることが何よりも大切です。名作とは何も単に古い作品ではなく、過去に書かれたにもかかわらず、未だに多くの人に読み継がれ、感銘を与え続けている作品のことを言います。そうした作品を読むためには、まず自分を殺し、作者と対話を続けることが大切です。そのことにより、自分の世界を広め、深めることができます。そうした器の大きな人間になることで、多くの人たちを惹きつける、魅力的な人間になれるのです。

仕事やコミュニケーションの上で確かに論理力は欠かすことができません。しかし、それだけで人を惹きつける人間になれるわけではありません。やはり魅力的な人間とは高い教養を持った人だと言えるでしょう。教養のある人は話が面白く、いくら話しても話題が尽きることはありません。しかも、会うたびに何か得るものがあるので、また次に会いたくなるものです。あなたが論理力を獲得した上で、教養も高い、魅力的な人間になるように、そうした願いを込めて、最後の講義を行います。

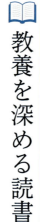

いよいよ最後のレッスンだね。ここまでよく頑張ったよ。

はい！　先生のおかげで、論理力が鍛えられ、ビジネスでもバリバリと活躍できるようになりました。「記憶術」「書く技術」「話す技術」「考える技術」、そして、今回は「読む技術」と本当にお世話になりました。論理力を身につけたなら、論理的に考え、論理的に読み、論理的に話し、論理的に書くことができるようになるのですから、本当に人生が変わると思います。おかげさまで彼とも順調で、結婚まで秒読みの状態です。

では、あと教養を身につけたなら、完璧だね。

それ、それなんです！　私、ちょっとだけガサツだし、ちょっとだけおっちょこちょいだし、ちょっとだけあわてんぼうだし、大学生の頃あまり勉強しなかったから、常識がちょっと足りないし、先生、どうしたらいいですか？　論理力だけでは駄目なんですか？

教養を身につけるには、やはり論理力だけでは足りないなあ。

今度、私昇進するんです。すると、部下が増えるので、彼等から「ハルカさんは美人で頭がよくて、その上、教養も溢れていて」と尊敬されたいんです。それに、最近立場が変わったので、社会的地位の高い人たちと触れ合う機会も多くて――。そんな時相手に一目置いてもらうには、やはり教養が必要だと思うんです。

先生、教養って、どうやって身につけるのですか？ そもそも教養って何ですか？ 知識では駄目なんですか？

なぜ文学を読まなければならないのか

そうだね。知識と教養はやはり違うなあ。そして、教養を身につける最も確実な方法は文学を読むことなんだよ。

先生、エンターテインメント小説や映画、マンガでは駄目なんですか？

ハルカちゃん、たとえば漱石の作品を何か読んだことがある？

はい、教科書で『こころ』を読みました。

教科書って、長い作品の一場面しか掲載されていないよね。教科書で学習した後、『こころ』という作品全部を読もうと思わなかった？

もちろん思いました。だって、作品の結末が気になったもの。でも、途中で挫折しました。確かはじめから50ページくらいのところで。教科書に載っている場面は国語の先生の説明があったし、何か衝撃的な場面だったので、これは面白いって感じたのですけど、いざ作品を読んでみるとても退屈で、途中で眠たくなって――。

確かにその通りかもしれないね。『こころ』は全3章から成り立っていて、第1章と第

2章は何か特別な事件が起こるわけではなく、退屈だと感じてしまっても仕方がないかもね。ところが、3章で突然先生が自殺をするのだが、その遺書によって初めて真相が明らかにされるという構成になっているんだ。

それならもう少し我慢して、先を読み続けたならよかったですね。

ハルカちゃん、なぜ漱石が読みにくかったと思う？

えっ？　分かりません。どうしてですか？

真の読解力が身についていなかったからだよ。ハルカちゃん、現代小説なら読めるでしょ？

もちろんです。ミステリーなんて、ワクワクして大好きです。

エンターテインメント小説は今の読者に読んでもらうために書いたものだとも言える。

書店に並んだとき、すぐに売れなければ、あっという間に書店から姿を消してしまう。だから、冒頭から読者を惹きつける展開となっているんだ。でも、文学はそれとは明らかに異なる。漱石が百年の時を超えて、未だに多くの人たちに読み継がれているのはなぜか、分かるかな？

有名だから？　それとも、面白いからかな。私には退屈だったけど。

漱石は売れる小説を書こうとしたのではない。そして、結果的に後世の人間が読み続けるような文体、書き方をしていたからなんだ。

う〜ん、よく分かりません。

漱石が作品を書いた時代は明治末期から大正時代のおよそ10年間。ハルカちゃん、その時代に生きたことがある？

あるわけないじゃないですか！　まだうら若き乙女です。

そうだよね。その時代はどのような時代で、人びとがどのような価値観のもとに暮らしていて、その当時の自然環境や風俗はどうだったのか、もちろん知るはずがないよね。たとえば、すでに述べた通り、漱石の『それから』の主人公である代助は親友の妻を奪って逃げるんだけど、当時は今と異なり、姦通罪という法律があって、不倫をすると生涯社会的に葬られる。代助はそれを知って、すべてを捨ててまで愛を選択する。

今週刊誌なんかで流行りの不倫とはちょっと違うのですね。

うん。最初の数十ページで言語による情報を読みとり、それを基に脳裏に自分が生きたことのない時代、自分と価値観の異なる人物を創造していく。その過程をある程度我慢をし、訓練をしていかないと、確かに退屈に感じて、途中で挫折してしまうかもしれない。

それが私でした。そこが現代のエンターテインメント小説とは異なるのですね。

でも、これを乗りこえていかないと、真の読解力なんて身につかないよ。やがて頭の中で登場人物たちが生き生きと動き始めると、面白くて一気に読めてしまう。そういった成功体験をしないと、なかなか文学の世界には入っていけないな。

確かに。でも、映画やマンガでもいいのではないですか？　最近は文学作品をマンガ化したものもたくさんあるし。

映画やマンガにも素晴らしいものはたくさんあるし、決してそれらの作品を否定しているのではない。でも、文学作品を読む行為の代わりにはならないということだ。

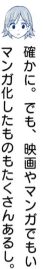

その当時がどのような時代であって、人びとがどのような生活をしているか、登場人物がどんな人かはすべて映像として完成されていて、私たちはそれを一方的に鑑賞するだけだから、そこには活字から世界を構築する能動的な行為が割愛されているんだ。

だから、読解力が身につかないんだ。

そうだね。今は思考力を深め、教養を高めるための読解力をどうやって身につけるかというテーマなので、それなら文学作品をじっくりと読む訓練をすべきだということなんだ。
ビジネスにおいても、人生においても、筋肉を鍛えた人よりも、頭を鍛えた人の方が大抵は成功するよ。

確かにそうですね。私も教養を身につけるために、退屈でも漱石の作品を読む訓練をしていこうと思います。先生、助けてくださいね。

自分の世界を広げ、深める文学の読書

自分を殺す技術は実は文学を読むときにこそ必要なんだよ。今やＳＮＳなどでも、自分の好きな情報が向こうから集まってくる時代だって言ったね。

はい。右寄りの人は右寄りの本ばかり読むって。

だから、大抵の人は自分の好みの小説を好きなように読んで、自分の生活感情や価値観に照らし合わせて好きだ嫌いだと言っているだけなんだ。これでは自分の世界をさらに狭

くするだけで、とても教養ある人とは言えない。

そんな人の場合は、何を読んでも自分の好きな小説を好きなように読んでいるだけだから、結局自分と自分との対話でしかないのですね。

その通り。もちろんエンターテインメント小説として読むならば楽しければそれでいいのだから、何も文句を言う必要はないけれど、今はいかに教養を身につけるかだから、やはり文学の読み方をしっかりと身につけなければならない。自分を殺す技術を身につけて初めて、作者と自分との対話が始まるんだ。

私、漱石と対話してみたいです。でも、けっこう気難しいおじさんのような気がするから、大丈夫かしら。

うん。漱石はハルカちゃんとまったく別のタイプで、ハルカちゃんとは別の世界を持っているから、かえって効果的なんだよ。

それって、何だか馬鹿にされているような気がします。

ははは、まあ、ものは考えようだ。

あっ、はぐらかしましたね。

自分と異なる世界を持った、大きな作家と対峙することで、自分の世界が広がり、また深まる。これこそが教養の身に付け方だ。いくら多読をしたからって、単なる知識や情報の収集だったら、何の意味もない。

先生が以前、卒業論文で担当教官から最も嫌いな森鷗外を研究するようにと強要されたって話、今でも覚えています。何だかとても印象深くって。

うん。鷗外は本当に大きな作家だった。しかも、当時感覚人間で、典型的な文学青年だった僕は、真逆な作家である鷗外と対話し続けることにより、自分の世界が広がって、ものの見方が変わったと思っている。しかも、鷗外を読んだから、漱石と出会ったし、日本の近代のその延長線上にある現代への理解を深めることができた。あるいは、芥川龍之介や太宰治のことも僕なりに理解できたと思っている。

それが教養としての読書なんですね。

そのためには、自分を殺して、文章を客観的に読む技術を身につけなければならない。今回、問題形式にしたのは、文章を客観的に、正確に読んだかどうかを自己確認するためなんだよ。

先生、問題を解くときに気をつけなければならないことって、何ですか？

うん。試験問題のほとんどは登場人物の心情を問うものなんだ。これから出す問題も問一を除くと、後は心情問題だと言える。その時、自分だったらこうだから、登場人物もきっとこうだろうと、無意識に感情移入してしまうと、確実に正解を導き出すことは難しくなる。

あっ、私がそうです。小説を読んでいると、主人公と一緒になって怒ったり笑ったりします。

まあ娯楽として読むなら何の問題もない。しかし、正確に、深く読むためにはいったん主観的な自分を括弧《かっこ》に入れるんだったね。試験問題のほとんどは長い作品の一場面を切り取ったものなんだ。私たちは普段1ページ目から順次作品を読んでいく。だから、次の場面を理解できるのだけど、試験問題ではその作品の舞台がいつの頃なのか、その時人びとはどんな価値観のもとに暮らしていたのか、登場人物はいったいどんな人なのかなど、一切情報を与えられないまま、動作やセリフなどに傍線を引き、その時の心情を答えさせるんだ。だから、好きなように読めてしまう。

だから、試験では小説問題は正解したり間違ったりの繰り返しだったのですね。では、どうやれば正解を出せるのですか？

試験問題は意図的に作られたものなんだ。ここに根拠があるから、これを設問にしようとか、そういった出題者の意図は客観的に読み取れるはずだ。

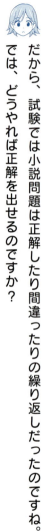

それなら、この設問は出題者である先生の意図を読み取ったらいいのですね。

そうだよ。僕はハルカちゃんが文章を主観的でなく正確に読み取っているかどうかを試すという、意図を持って設問を作ったのだから。

【例題20】

次の文章を読んで、後の問に答えなさい。

秋のはじめの或《あ》る月のない夜に、私たちは港の桟橋へ出て、海峡を渡ってくるいい風にはたはたと吹かれながら赤い糸について話合った。それはいつか学校の国語の教師が授業中に生徒へ語って聞かせたことであって、私たちの右足の小指に眼《め》に見えぬ赤い糸がむすばれていて、それがするすると長く伸びて一方の端がきっと或る女の子のおなじ足指にむすびつけられているのである、ふたりがどんなに離れていてもその糸は切れない、どんなに近づいても、たとえ往来で逢っても、その糸はこんぐらかることがない、そうして私たちはその女の子を嫁にもらうことにきまっているのである。①私はこの話をはじめて聞いたときには、かなり興奮して、うちへ帰ってからもすぐ弟に物語ってやったほどであった。私たちはその夜も、波の音や、かもめの声に耳傾けつつ、その話をした。お前のワイフは今ごろどうしてるべなあ、と弟に聞いたら、弟は棧橋のらんかんを二三度両手でゆりうごかしてから、庭あるいてる、ときまり悪げに言った。大きい庭下駄をはいて、団扇をもって、月見草を眺めている少女は、いかにも弟と似つかわしく思われた。私のを語る番であったが、私は真暗い海に眼をやったまま、②赤い帯しめての、とだけ言って口を噤（つぐ）んだ。海峡を渡って来る連絡船が、大きい宿屋みたいにたくさんの部屋部屋へ黄色いあかりをともして、ゆらゆらと水平線から浮んで出た。

これだけは弟にもかくしていた。私がそのとしの夏休みに故郷へ帰ったら、浴衣に赤い帯をしめたあたらしい小柄な小間使が、乱暴な動作で私の洋服を脱がせてくれたのだ。みよと言った。

私は寝しなに煙草を一本こっそりふかして、小説の書き出しなどを考える癖があったが、みよはいつの間にかそれを知ってしまって、ある晩私の床をのべてから枕元へ、きちんと煙草盆を置いたのである。私はその次の朝、部屋を掃除しに来たみよへ、煙草はかくれてのんでいるのだから煙草盆なんか置いてはいけない、と言いつけた。みよは、はあ、と言ってふくれたようにしていた。同じ休暇中のことだったが、まちに浪花節の興行物が来たとき、私のうちでは、使っている人たち全部を芝居小屋へ聞きにやった。私と弟も行けと言われたが、私たちは田舎の興行物をばかにして、わざと螢をとりに田んぼへ出かけたのである。隣村の森ちかくまで行ったが、あんまり夜露がひどかったので、二十そこそこを、籠にためただけでうちへ帰った。浪花節へ行っていた人たちもそろそろ帰って来た。みよに床をひかせ、蚊帳をつらせてから、私たちは電燈を消してその螢を蚊帳のなかへ放した。螢は蚊帳のあちこちをすっすっと飛んだ。みよも暫く蚊帳のそとに佇んで螢を見ていた。私は弟と並んで寝ころびながら、螢の青い火よりもみよのほのじろい姿をよけいに感じていた。浪花節は面白かったろうか、と私はすこし堅くなって聞いた。私はそれまで、女中には用事以外の口を決してきかなかったのである。みよは静かな口調で、いいえ、と言った。私はふきだした。弟は、蚊帳の裾に吸いついている一匹の螢を団扇《うちわ》でばさばさ追いたてながら黙っていた。私はなにやら工合《ぐあい》がわるかった。

そのころから③私はみよを意識しだした。赤い糸と言えば、みよのすがたが胸に浮んだ。

太宰治『思い出』

問一

国語の教師から聞いた「赤い糸」の話の内容として、もっとも適切なものを選び、記号で答えなさい。

ア　赤い糸は男の子の右足指と女の子の左足指とに結びつけられている。

イ　結婚相手は赤い糸で運命的に結びつけられている。

ウ　赤い糸は男と女を結びつけているが、必ずしもすべての男女にあるわけではない。

エ　赤い糸は男の子と女の子との足の指についているが、時にはそれが切れることもある。

オ　恋人たちは足の指が赤い糸で結ばれ、それは決して切れたりもつれたりしない。

問二

傍線部①「私はこの話をはじめて聞いたときには、かなり興奮して、うちへ帰ってからもすぐ弟に物語ってやったほどであった。」「私」がこの話を聞いて興奮した理由として、もっとも適切なものを選んで、記号で答えなさい。

ア　弟のワイフがどうしているのか、弟と話し合うことが面白かったから。
イ　自分の胸の中に密かに思い当たる女性がいたから。
ウ　赤い糸の伝説自体がロマンティックで、興味をひいたから。
エ　結婚相手を想像することは思春期にあっては興味津々のことだったから。
オ　見えない赤い糸を想像することはスリル満点だったから。

問三

傍線部②「赤い帯しめての、とだけ言って口を噤んだ。」とありますが、その理由に当たる箇所を本文から十字以内で抜き出しなさい。

問四
傍線部③「私はみよを意識しだした」とありますが、それがよくわかる描写を問題文の後半から、三十字以内で抜き出しなさい。

まず簡単なものから。太宰治の『思い出』。太宰が自殺を決意して、遺書として書き残した作品集『晩年』の中に収録されたものなんだ。『晩年』は太宰27歳の時の作品集だよ。

へ〜、太宰治って、女の人と自殺を繰り返した変なおじさんってイメージだったけど、こんなロマンティックな作品もあったんですね。

逆に死を意識したからこそ、自分の青春時代の思い出を一つ一つ取りだして光を当てて見せたのではないかな。暗いものが多い中で、唯一瑞々しい逸話がこのみよとの淡い初恋なんだ。といっても、「私」の中で勝手に燃え上がり、泡のように消えてしまうのだけど。

なんだか、せつないです。小間使いのみよさんと結ばれればいいのだけど、結局うまくいかなかったのですね。

ぜひ作品を読んでごらん。さて、問一は簡単。国語の教師の話は、「私たちの右足の小指に眼に見えぬ赤い糸がむすばれていて、それがするすると長く伸びて一方の端がきっと或る女の子のおなじ足指にむすびつけられているのである、ふたりがどんなに離れていてもその糸は切れない、どんなに近づいても、たとえ往来で逢っても、その糸はこんぐらかることがない、そうして私たちはその女の子を嫁にもらうことにきまっているのである。」。この文章を正確に理解したかどうかの問題だよ。

はい。アは男の子も女の子も赤い糸は右足に結ばれているのだから、×。ウは「必ずしもすべての男女にあるわけではない」とは書いてないから、×。エは「時にはそれが切れることもある」とあるから、×。赤い糸は結婚相手と結ばれている話だから、オの「恋人たちが」が間違い。先生、分かりました、オなんか、結婚相手なのに、わざわざ「恋人たち」と意図的に変えたのですね。

その通りだよ。試験問題って、そうやって意図的に作られるもんなんだ。

出題者って、意地悪な性格の人がなるんだ。

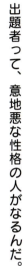

問二も出題者の意図を客観的に読み取れたかどうかだ。

先生、分かりました。傍線部の後に「これだけは弟にもかくしていた。私がそのとしの夏休みに故郷へ帰ったら、浴衣に赤い帯をしめたあたらしい小柄な小間使が、乱暴な動作で私の洋服を脱がせてくれたのだ。みよと言った。」とあるから、答はイです。他の選択肢も、今までの私だったら思わず選んでいたかもしれません。でも、どれも問題文の中には書いてないので、結局それらを選ぶのは主観に過ぎないのですね。

出題者の意図を意識すると、ずいぶん文章の読み方も変わってくるはずだよ。あくまで思考力を鍛え、教養を深めるためには、時にはこういった訓練も必要なんだ。

ふふふ、問三も答えが出ました。なぜ口を噤んだのかというと、その後の段落で「これだけは弟にもかくしていた。」と書いてあります。密かにみよのことが気になっていたけど、きっとそれを知られるのが恥ずかしくて、弟にも言えなかったんです。

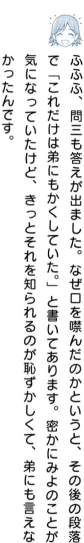

そうだね。問題文中には書かれていないけど、実は「私」と「みよ」とではあまりにも身分が違いすぎるので、この時は弟にもまだ隠していたんだ。その後、周囲の反対を押し切ってでもみよと結婚しようと決意し、弟に告白し協力を頼むことになるんだが、その弟も実はみよのことを好きになってしまうんだ。第一、「私」の一方的な思いだけで、肝心のみよには打ち明けることができないまま、私が学校に戻っている間に、実家にいたみよは暇をもらい、姿を消してしまう。

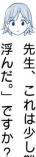

本当に胸が痛くなります。二人の恋の結末が気になって仕方がないから、『晩年』、これから読もうと思います。

今なら著作権の切れた作品はネット上で無料で読むことができるから、本当にいい時代になったね。では、最後に問四。

先生、これは少し難しいです。直後の「赤い糸と言えば、みよのすがたが胸に浮んだ。」ですか？

それはみよを意識しだした結果のことだよ。設問は「みよを意識しだした」ことが分かる描写だよ。もっといい場面があるから。

分かりました！「私は弟と並んで寝ころびながら、螢の青い火よりもみよのほのじろい姿をよけいに感じていた。」。だって、本当は蛍を見るはずなのに、「私」は肝心の蛍よりもみよの姿ばかりを意識していたのですもの。

【解答】

問一　イ

問二　イ

問三　弟にもかくしていた

問四　螢の青い火よりもみよのほのじろい姿をよけいに感じていた。

不倫という名の本当の愛

今度は漱石の「それから」からの出題。太宰の「思い出」は思春期の淡い恋の話だけど、今度はもっと深刻な「愛」の話なんだ。

先生、胸を焦がすような「愛」の話、大好きです！

ほら、自分を殺さなければ。

あっ、そうか！　自分を殺して読むって、意外と難しいのですね。

すでに述べたようにこの物語の時代は明治の末。代助は親友の妻三千代を奪って、逃げることになる。

いくら当時と今とでは不倫の重さに違いがあるとはいえ、やっぱり抵抗があり

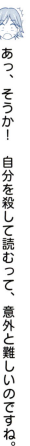

ます。

代助は学生時代に三千代を密かに愛しながら、親友である平岡に頼まれ、彼女との間を取り持ったんだ。三千代への愛を犠牲にして、親友との義を重んじたわけだ。三千代も密かに代助を愛していたが、その代助から平岡と結婚してくれと頼まれたなら、絶望して平岡と結婚するしかない。

ところが、その後平岡は事業に失敗し、三千代は重い病気にかかってしまう。結婚生活はいつの間にか破綻し、夫の平岡はすでに三千代を愛していない。だけど、世間体から離婚をせずに、愛情のない夫婦生活を送っている。そんな状態の中で、代助は実は三千代とは互いに愛し合っていたと気づくことになる。三千代も覚悟を極《き》めましょうという。代助は平岡に三千代をくれと頭を下げるが、平岡は自分の名誉を傷つけられたと激怒する。

う〜ん、何だか不倫をはたらいている代助と三千代の方が、愛よりも自分の名誉や世間体にこだわっている平岡よりも人間らしい生き方をしているような気がします。

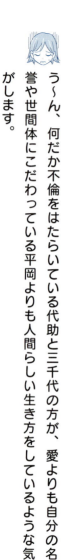

でも、世間は二人の深い心の内を理解せずに、「姦通罪」という人間の作った制度によって無慈悲に裁こうとする。漱石はすべてを捨ててまで愛を選び取った二人を描くことによって、本当の愛とは何かを問いかけようとしているのかもしれない。

何だか不倫でも許せそうな気がしてきました。私の世界観がぐらつきそうです。

「不倫だから悪い」と決め込む人はすでに思考停止状態であり、その奥にあるもっと深い人間の魂の部分には決して触れることができないのではないか。そういう人には「文学」は理解できないのではないかな。

やっぱり不倫はいけないことだと思います。でも、私の結論はとりあえずは保留にします。もっと大人になったときに私なりの答えが出るかも。

【例題21】

次の文章は夏目漱石『それから』の一部で、明治42年に発表されたものです。代助の父は実業家で、時代の波に乗り成功し、代助は定職に就かず、本家からもらう金で裕福な生活を送っていました。代助には親友の平岡がいたのですが、その親友の妻三千代を愛していることに気がつきます。やがて、代助は平岡に三千代を自分に譲ってくれと頼むのです。

翌日《あくるひ》は又燬《や》け付く様に日が高く出た。外は猛烈な光で一面にいらいらし始めた。代助は我慢して八時過に漸く起きた。起きるや否《いな》や眼がぐらついた。平生の如く水を浴びて、書斎へ這入って凝《じっ》と竦《すく》んだ。

所へ門野が来て、御客さまですと知らせたなり、入口に立って、驚ろいた様に代助を見た。代助は返事をするのも退儀であった。客は誰だと聞き返しもせずに手で支えたままの顔を、半分ばかり門野の方へ向き易《か》えた。その時客の足音が縁側にして、案内も待たずに兄の誠吾が這入って来た。

「やあ、此方《こっち》へ」と席を勧めたのが代助にはようようであった。誠吾は席に着くや否や、扇子を出して、上布《じょうふ》の襟を開く様に、風を送った。この暑さに脂肪が焼けて苦しいと見えて、荒い息遣をした。

「暑いな」と云った。

「御宅でも別に御変りもありませんか」と代助は、さも疲れ果てた人の如くに尋ねた。

二人は少時《しばらく》例の通りの世間話をした。代助の調子態度は固《もと》より尋常ではなかった。けれども兄は決してどうしたとも聞かなかった。話の切れ目へ来た時、

「今日は実は」と云いながら、懐《ふところ》へ手を入れて、一通の手紙を取り出した。

「実は御前に少し聞きたい事があって来たんだがね」と封筒の裏を代助の方へ向けて、

「この男を知ってるかい」と聞いた。其所《そこ》には平岡の宿所姓名が自筆で書いてあった。

「知ってます」と代助は殆《ほと》んど器械的に答えた。

「元、御前の同級生だって云うが、本当か」

「そうです」

「この男の細君も知ってるのかい」

「知っています」

兄は又扇を取り上げて、二三度ぱちぱちと鳴らした。それから、少し前へ乗り出す様に、声を一段落した。

「この男の細君と、御前が何か関係があるのかい」

代助は始めから万事を隠す気はなかった。けれどもこう単簡《たんかん》に聞かれたときに、どうしてこの複雑な経過を、（　１　）で答え得るだろうと思うと、返事は容易に口へは出なかった。兄は封筒の中から、手紙を取り出した。それを四五寸ばかり捲《ま》き返して、

「実は平岡と云う人が、こう云う手紙を御父さんの所へ宛《あ》て寄こしたんだがね。――読んでみるか」と云って、代助に渡した。代助は黙って手紙を受取って、読み始めた。兄は凝と代助の額の所を見詰めていた。

手紙は細かい字で書いてあった。一行二行と読むうちに、読み終った分が、代助の手先から長く垂れた。それが二尺余《あまり》になっても、まだ尽きる気色はなかった。代助の眼はちらちらした。頭が（　２　）のように重かった。代助は強いても仕舞まで読み通さなければならないと考えた。総身《そうしん》が名状しがたい圧迫を受けて、腋の下から汗が流れた。漸く結末へ来た時は、手に持った手紙を巻き納める勇気もなかった。手紙は広げられたまま洋卓の上に横わった。

「其所《そこ》に書いてあることは本当なのかい」と兄が低い声で聞いた。代助は

ただ、

「本当です」と答えた。兄は打衝《ショック》を受けた人の様に一寸扇の音を留《とど》めた。

しばらくは二人とも口を聞き得なかった。良《やや》あって兄が、

「まあ、どう云う（　３　）で、そんな馬鹿な事をしたのだ」と呆れた調子で云った。代助は（　４　）として、口を開かなかった。

「どんな女だって、貰おうと思えば、いくらでも貰えるじゃないか」と兄がまた云った。代助はそれでも猶黙っていた。三度目に兄がこう云った。


――


「御前だって満更道楽をした事のない人間でもあるまい。こんな不始末を仕出かす位なら、今まで折角金を使った（　５　）がないじゃないか」

代助は今更兄に向って、自分の立場を説明する勇気もなかった。彼はついこの間まで全く兄と同意見であったのである。

「姉さんは泣いているぜ」と兄が云った。

「そうですか」と代助は（　６　）の様に答えた。

「御父さんは怒っている」

代助は答をしなかった。ただ遠い所を見る眼をして、兄を眺めていた。

「（　　　　　　　　　　A　　　　　　　　　　）御前は
それが自分の勝手だから可《よ》かろうが、御父さんやおれの、社会上の地位を
思ってみろ。御前だって家族の名誉と云う観念は有《も》っているだろう」
　兄の言葉は、代助の耳を掠めて外へ零《こぼ》れた。彼はただ全身に苦痛を感じた。けれども兄の前に良心の鞭撻《べんたつ》を蒙《こうむ》る程動揺してはいなかった。凡てを都合よく弁解して、世間的の兄から、今更同情を得ようと云う芝居気は固《もと》より起らなかった。彼は彼の頭の中《うち》に、彼自身に正当な道を歩んだという自信があった。彼はそれで満足であった。その満足を理解してくれるものは三千代だけであった。三千代以外には、父も兄も社会も人間も悉《ことごと》く敵であった。彼等は赫々《かくかく》たる炎火の裡《うち》に、二人を包んで焼き殺そうとしている。代助は無言のまま、三千代と抱き合って、この炎の風に早く己れを焼き尽すのを、この上もない本望とした。彼は兄には何の答もしなかった。重い頭を支えて石の様に動かなかった。
「代助」と兄が呼んだ。「今日はおれは御父さんの使に来たのだ。御前はこの間から家へ寄り付かない様になっている。平生なら御父さんが呼び付けて聞き糺《ただ》す所だけれども、今日は顔を見るのが厭だから、此方《こっち》から行っ

て実否を確めて来いと云う訳で来たのだ。（　　　　B　　　　）又弁解も何もない、平岡の云う所が一々根拠のある事実なら、――御父さんはこう云われるのだ。――もう生涯代助には逢わない。何処へ行って、何をしようと当人の勝手だ。（　　　　C　　　　）――尤もの事だ。そこで今御前の話を聞いてみると、平岡の手紙には嘘は一つも書いてないんだから仕方がない。その上御前は、この事に就て後悔もしなければ、謝罪もしない様に見受けられる。それじゃ、おれだって、帰って御父さんに取り成し様がない。御父さんから云われた通りをそのまま御前に伝えて帰るだけの事だ。好いか。御父さんの云われる事は分ったか」

「よく分りました」と代助は簡明に答えた。

「　　D　　」と兄が大きな声を出した。代助は俯向いたまま顔を上げなかった。

「愚図だ」と兄が又云った。「不断は人並以上に減らず口を敲《たた》く癖に、いざと云う場合には、まるで唖（おし）の様に黙っている。そうして、陰で親の名誉に関わる様な悪戯をしている。（　　　E　　　）

兄は洋卓《テーブル》の上の手紙を取って自分で巻き始めた。静かな部屋の中に、半切の音がかさかさ鳴った。兄はそれを元の如くに封筒に納めて懐中した。

「じゃ帰るよ」と今度は普通の調子で云った。代助は叮嚀に挨拶をした。兄は、

「　Ｆ　」と云い捨てて玄関に出た。

兄の去った後、代助はしばらく元のままじっと動かずにいた。門野が茶器を取り片付けに来た時、急に立ち上がって、

「門野さん。僕は一寸職業を探して来る」と云うや否や、鳥打帽を被《かぶ》って、傘も指さずに日盛りの表へ飛び出した。

夏目漱石『それから』

問一　(1)～(5)に入る言葉を、次のア～オから選んで記号で答えなさい。

ア　了見　イ　鉄　ウ　甲斐　エ　依然　オ　一言　カ　夢

問二　「　Ａ　」に入るア～オの文章を並べ変えて、もとの順番に戻しなさい。

ア　然し今度と云う今度は、全く分らない人間だと、おれも諦らめてしまった。
イ　御前は平生から能く分らない男だった。
ウ　何を為るんだか、何を考えているんだか安心が出来ない。
エ　それでも、いつか分る時機が来るだろうと思って今日まで交際《つきあ》っていた。
オ　世の中に分らない人間程危険なものはない。

問三　「　B　」～「　F　」に入る兄のセリフを、次のア～オから選び記号で答えなさい。

ア　貴様は馬鹿だ。
イ　今日まで何の為に教育を受けたのだ。
ウ　おれも、もう逢わんから。
エ　それで——もし本人に弁解があるなら弁解を聞くし。
オ　その代り、以来子としても取り扱わない。又親とも思ってくれるな。

問四　「まるで唖（おし）の様に黙っている」とありますが、代助が黙っていた理由を、「地位や名誉」「愛」という言葉を使って、五十字以内で説明しなさい。

先生、平岡って、大嫌い。代助に妻を奪われたことを、代助のお父さんに手紙で訴えたんだ。本人たちの問題なのに、代助の家族を使って圧力をかけようとしている。

当時の社会として、平岡や代助の父、兄の方が常識的だと言える。地位や権力、金、そして、名誉が一番大切であって、それを超える愛というものに大きな価値を置いていない。

でも、現代でも同じかもしれないわ。社会的なものに目を奪われて、人間の真実には目を背けているのかも。

では、問一の答は？

はい。（　1　）は、直前に「この複雑な経緯を」とあるので、答は「一言」。

親友から三千代をなぜ奪ったなんて、とても簡単に説明できっこない。それを簡単に説明しろって言うのが、きっと世間なんだわ。（２）は直後に「重かった」とあるから、答は「鉄」。（３）は、どういうつもりでといったくらいの意味だから、答は「了見」。（４）は、直後の「口を開かなかった」を修飾する言葉で、今までも黙ったままなので、答は「依然」。（５）は、直前に「今まで折角金を使った」とあるから、それに続く言葉は「甲斐」。結局今まで代助の使った金はどこかで見返りを期待したものだったのだわ。（６）は、その後に「ただ遠い所を見る眼をして、兄を眺めていた。」とあるから、「夢」が答。

全部空所の前後から答が入っただろ？　つまり、文脈をしっかりと読み取ることができたかどうかを試す問題なんだ。

問二はどんな問題なのですか？

各選択肢はすべて兄の一連のセリフだから、それを論理の順番に並べかえる問題だ。

文と文との論理的関係が分かったかどうかですね。特に、接続語に着目かな。

大したものだ。かなり論理力が付いてきたね。ハルカちゃんのように、必ずその設問はどのような力を試すものかを意識すると、どんどん力が付いてくるよ。

はい！　エの「それでも」に着目すると、イ「御前は平生から能く分らない男だった。」→エ「それでも、いつか分る時機が来るだろうと思って今日まで交際《つきあ》っていた。」とつながります。次に逆接の「然し」に着目すると、ア「然し今度という今度は、全く分らない人間だと、おれも諦めてしまった。」となります。後は、オ「世の中に分らない人間程危険なものはない。」→ウ「何を為るんだか、何を考えているんだか安心が出来ない。」かな。

正解！　では、問三は？

全部、兄のセリフなのね。Bは直前の「実否を確めて来い」に対して、エ「それで――もし本人に弁解があるなら弁解を聞くし。」がつながります。それに直

後の「又」とも論理的につながるわ。Cの直前の「何をしようと当人の勝手だ。」とつながるのが、オ「その代り、以来子としても取り扱わない。又親とも思ってくれるな。」。Dは直後に「大きな声を出した」とあるから、怒鳴っている言葉のア「貴様は馬鹿だ」。その後に「「愚図だ」と兄が又云った。」と「又」があることからも分かります。Eの直前に「そうして、陰で親の名誉に関わる様な悪戯をしている。」とあるから、イ「今日まで何の為に教育を受けたのだ」が答。最後のFは、直後に「云い捨てて玄関に出た。」とあるから、ウ「おれも、もう逢わんから」が答です。

よくできたね。前後の文脈から兄のセリフを選ぶ問題だけど、文と文との論理的関係を読みとったかどうかがポイントだったんだ。

問四は少し難しいです。兄から一方的にひどいことを言われているのに、代助はどうして弁解しないのかしら？

その黙っている理由を答えればいいのだけど、「地位や名誉」「愛」という言葉を使って」という条件が逆にヒントなんだ。

出題者の意図を読みとればいいのね。あっ、「対立関係」です。父や兄は「地位や名誉」を重んじるタイプなのに対して、代助はそれらを捨てても「愛」を選び取ろうとしている。

そうだね。「凡てを都合よく弁解して、世間的の兄から、今更同情を得ようと云う芝居気は固より起らなかった。彼は彼の頭の中に、彼自身に正当な道を歩んだという自信があった。彼はそれで満足であった。その満足を理解してくれるものは三千代だけであった。」とあるのを読みとったかどうか。

「地位や名誉」を重んじる兄には、いくら説明しても分かってもらえないと思っているんだわ。まるで価値観が違うんだもの。思わず代助さんを応援したくなりました！

【解答】

問一 (1)オ (2)イ (3)ア (4)エ (5)ウ (6)カ
問二 イ エ ア オ ウ
問三 B エ C オ D ア E イ F ウ
問四 地位や名誉を第一に考える兄には、すべてを捨てても愛に生きることなど理解できないと思ったから。

究極の「愛」とは何か

ハルカちゃん、僕の講義もいよいよ卒業に近づいてきたね。本当に頑張ったよ。

ありがとうございます。知性だけでなく、教養も深まった気がしました。才色兼備のハルカは完成間近です。

では、最後に谷崎潤一郎の「愛」の世界を読んでいこう。

えっ！　谷崎潤一郎の「愛」って、前問の漱石なんかの「愛」とは違うのですか？

そうだね。まあ、読んでいけば分かるよ。ハルカちゃんが気に入るかどうかは別だけど。

何か意味深な言い方ですね。主観を入れないように、なるべく客観的に読むように心がけますわ。

谷崎潤一郎は明治末から大正期にかけて、反自然主義の作家に属し、彼等の作風は耽美派と呼ばれたんだ。自然主義が人間の恥部をこれでもかと抉《えぐ》り出したのに対して、耽美派の作家たちは美に究極の価値を置いた。その中でも、谷崎潤一郎は戦後まで活躍をし、彼の作風は悪魔主義と呼ばれることもあったんだ。

あ、悪魔主義！　何だか読むのが怖くなります。

別に悪魔が登場するわけではないから、心配する必要はないよ。ただ谷崎が描く美の世界が当時の道徳観からすれば、なかなか受け入れがたかったのかもしれないね。

う〜ん、読むのがますます怖くなるような、楽しみなような——やはり気になります！

では、読んでいくことにしよう。主人公の春琴《しゅんきん》は大阪の裕福な商家の生まれだった。大変な美貌の持ち主だったが、9歳の頃失明してしまう。そこで、両親は春琴に三味線を習わせ、佐助に彼女の身の回りの世話をさせることにしたんだ。やがて佐助もまた三味線を学ぶようになり、春琴の弟子になる。

先生、春琴と佐助はロマンティックな恋愛に陥るんですね。

う〜ん、恋愛と言えなくはないが、谷崎潤一郎の描く世界はそう単純ではない。佐助は春琴の化粧から着替え、入浴に至るまで一切の世話をするんだが、春琴はその佐助に対して毅然とした態度をとり続け、特に三味線の稽古は佐助が泣き出すほど厳しいものだった。やがて、春琴が妊娠するのだが、春琴も佐助も関係を否定し、出産した子どもは里子に出されてしまう。

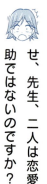

せ、先生、二人は恋愛関係に陥ったのではないのですか？　子どもの父親は佐助ではないのですか？

春琴は佐助以外の男性を一切近づけなかったのだから、子どもの父親は佐助以外に考えられなかったのだが、二人はそれを頑として認めようとしない。春琴は佐助に対して優しい言葉一つかけたことがなく、佐助もお師匠様と春琴にひたすら献身的に仕えるばかりだったんだ。そんな状況の中で、問題文のような事件が起こった。

【例題22】

次の文章を読んで、後の問いに答えなさい。春琴は大阪の富裕な薬種商の娘で、早くから抜きんでた音曲の技量と美貌だったが、9歳で失明する。その後に丁稚として来た4歳年長の佐助が献身的に彼女に仕え、やがては音曲の弟子となる。

佐助は春琴の死後十余年を経た後に彼が失明した時のいきさつを側近者

に語ったことがありそれによって詳細な当時の事情がようやく判明するに至った。すなわち春琴が兇漢に襲われた夜佐助はいつものように春琴の閨《ねや》の次の間に眠っていたが物音を聞いて眼を覚ますと有明行燈の灯が消えてい真っ暗な中に呻きごえがする佐助は驚いて跳び起きまず灯をともしてその行燈を提げたまま屏風の向うに敷いてある春琴の寝床の方へ行ったそしてぼんやりした行燈の灯影が屏風の金地に反射する覚束ない明りの中で部屋の様子を見廻したけれども何も取り散らした形跡はなかったただ春琴の枕元に鉄瓶が捨ててあり、春琴も褥中《じょくちゅう》にあって静かに仰臥していたがなぜかうんうんと呻っている佐助は最初春琴が夢に魘《うな》されているのだと思いお師匠さまどうなされましたお師匠さまと枕元へ寄って揺り起そうとした時我知らずあと叫んで両眼を蔽うた佐助々々わては浅ましい姿にされたぞわての顔を見んとおいてと春琴もまた苦しい息の下から云い身悶えしつつ夢中で両手を動かし顔を隠そうとする様子にご安心なされませおかおは見は致しませぬこの通り眼をつぶっておりますと行燈の灯を遠のけるとそれを聞いて気が弛んだものかそのまま人事不省になった。その後も始終誰にも

（　1　）と夢うつつの裡に譫語《うわごと》を云い続け、

（　　2　　）と慰めれば（
3　　　　　　　　　　）（
4　　　　）と意識が恢復するにつれて一層云い募り、医者の外には佐助にさえも負傷の状態を示すことを嫌がり膏薬や繃《ほう》帯《たい》を取り替える時は皆病室を追い立てられた。されば佐助は当夜枕元へ駈け付けた瞬間焼け爛れた顔をひと眼見たことは見たけれども正視するに堪えずしてとっさに面を背けたので燈明の灯の揺めく蔭に何か人間離れのした怪しい幻影を見たかのような印象が残っているに過ぎず、その後は常に繃帯の中から鼻の孔と口だけ出しているのを見たばかりであると云う思うに春琴が見られることを怖れたごとく佐助も見ることを怖れたのであった彼は病床へ近づくごとに努めて眼を閉じあるいは視線を外らすようにした故に春琴の相貌がいかなる程度に変化しつつあるかを実際に知らなかったしまた知る機会を自ら避けた。しかるに養生の効あって負傷も追い追い快方に赴いた頃一日病室に佐助がただ一人侍坐していると佐助お前はこの顔を見たであろうのと突如春琴が思い余ったように尋ねたいいえいいえ見てはならぬと仰っしゃってでござりますものを何でお言葉に違いましょうぞと答えるともう近いうちに傷が癒えたら繃帯を除けねばならぬしお医者様も来ぬようになる、そうしたら余人はともかくお前にだけはこの顔を見られねばならぬと勝気な春琴も意地が挫けたかついぞないことに涙を流し繃帯の上からしきりに両眼を押し拭えば佐助も暗然として云うべき言葉なく共に嗚咽するばかりであったがようござります、必ずお顔を見ぬように致しますご安心なさりませと何事か期する所があるように云った。それより数日を過ぎ既に春琴も床を離れ起きているようになりいつ繃帯を取り除けても差支ない状態にまで治癒した時分ある朝早く佐助は女中部屋から下女の使う鏡台と縫針とを密かに持って来て寝床の上に端座し鏡を見ながら我が眼の中へ針を突き刺した針を刺したら眼が見えぬようになると云う知識があった訳ではないなるべく苦痛の少い手軽な方法で盲目になろうと思い試みに針をもって左の黒眼を突いてみた黒眼を狙って突き入れるのはむずかしいようだけれども白眼の所は堅くて針が這入らないが黒眼は柔かい二三度突くと巧い工合にずぶと二分ほど這入ったと思ったらたちまち眼球が一面に白濁し視力が失せて行くのが分った出血も発熱もなかった痛みもほとんど感じなかったこれは水晶体の組織を破ったので外傷性の白内障を起したものと察せられる佐助は次に同じ方法を右の眼に施し瞬時にして両眼を潰したもっとも直後はまだぼんやりと物の形など見えていたのが十日ほどの間に完全に見えなくなったと云う。程経て春琴が起き出でた頃手さぐりしながら奥の間に行きお師匠様私はめしいになりました。もう一生涯お顔を見ることはござりませぬと彼女の前に額ずいて云った。佐助、それはほんとうか、と春琴は一語を発し長い間黙然と沈思していた佐助はこの世に生れてから後にも先にもこの沈黙の数分間ほど楽しい時を生きたことがなかった昔悪七兵衛《あくしちびょうえ》景清《かげきよ》は頼朝の器量に感じて復讐の念を断じもはや再びこの人の姿を見まいと誓い両眼を抉り取ったと云うそれと動機は異なるけれどもその志の悲壮なことは同じであるそれにしても春琴が彼に求めたものはかくのごときことであったか過日彼女が涙を流して訴えたのは、私がこんな災難に遭った以上お前も盲目になって欲しいと云う意であったかそこまでは忖度し難いけれども、（　　5　　）と云った短かい一語が佐助の耳には喜びに慄えているように聞えた。そして無言で相対しつつある間に盲人のみが持つ第六感の働きが佐助の官能に芽生えて来てただ感謝の一念より外何物もない春琴の胸の中を自ずと会得することが出来た今まで肉体の交渉はありながら師弟の差別に隔てられていた心と心とが始めてひしと抱き合い一つに流れて行くのを感じた少年の頃押入れの中の暗黒世界で三味線の稽古をした時の記憶が蘇って来たがそれとは全然心持が違ったおよそ大概な盲人は光の方向感だけは持っている故に盲人の視野はほの明るいもので暗黒世界ではないのである佐助は今こそ外界の眼を失った代りに内界の眼が開けたのを知り（　　　6　　　）と思ったもう衰えた彼の視力では部屋の様子も春琴の姿もはっきり見分けられなかったが繃帯で包んだ顔の所在だけが、ぽうっと仄白く網膜に映じた彼にはそれが繃帯とは思えなかったつい二た月前までのお師匠様の円満微妙な色白の顔が鈍い明りの圏の中に来迎仏のごとく浮かんだ。

谷崎潤一郎『春琴抄』

問一　（　1　）～（　6　）に入るセリフを次のア～カの中から選び、記号で答えなさい。

ア　ああこれが本当にお師匠様の住んでいらっしゃる世界なのだこれでようようお師匠様と同じ世界に住むことが出来た
イ　それより顔を見ぬようにして
ウ　何のそれほどご案じになることがござりましょう火膨れの痕が直りましたらやがて元のお姿に戻られます
エ　これほどの大火傷に面体の変らぬはずがあろうかそのような気休めは聞きともない
オ　佐助それはほんとうか
カ　わての顔を見せてはならぬきっとこの事は内密にして

問二　次のア〜カの中で、本文の内容の説明として不適切なものを二つ選び、記号で答えなさい。

ア　春琴は夜中に暴漢に襲われ、顔に鉄瓶の熱湯をかけられた。
イ　春琴は火傷の傷を佐助に見られることを極度に恐れた。
ウ　自分の目を潰したのは暗に春琴がそれを望んだからだと佐助は思うことがあっ

た。
エ　佐助が自分で眼を潰したのを春琴は気の毒に思って同情している。
オ　佐助は視力を失った代わりに、第六感が芽生えてきた。
カ　視力を失った佐助に以前の美しい春琴の顔が仏となって蘇った。

先生、大変です！　問題文に句読点が抜けている箇所がたくさんあります。

抜けているのではなく、わざと句読点を書き入れていないんだよ。これが谷崎潤一郎の『春琴抄』の文体なんだ。第一、段落分けもないだろう？　谷崎は作品ごとに文体を工夫したんだが、『春琴抄』の世界はこの文体が最も適していると考えたのだろうね。読み慣れてくると、これはこれで流麗で、美しい文章だと思えてくるから。

確かに流れるような文体ですね。

冒頭に述べてあるように、佐助が失明したいきさつを述べた場面だね。暗闇の中で春琴の叫び声が聞こえたので、佐助が慌てて駆けつけたけど、取り散らした形跡がなかったという。「春琴の枕元に鉄瓶が捨ててあり」とあるから、誰かが夜中に春琴の寝室に忍び込み、寝ている春琴の顔に熱湯を浴びせかけたんだ。

美貌が春琴の自信の拠り所だろうに、その顔が火傷でぐちゃぐちゃになったら大変だわ。

うん。普通なら、助けてとか、早くお医者さんを呼んでとか言うんだけど、この時の春琴は自分の顔を隠して、「わての顔を見んとおいて」と言ったんだ。佐助だけには火傷で醜くなった顔を見られたくなかったんだろうね。

だからと言って、佐助が自分で自分の目を潰すなんて、あまりにも衝撃的過ぎます。先生、これが愛の形なのかしら？

そうだよ、これが谷崎の描く愛なんだ。普通の男女の恋愛ならば、女性が年を取って、容貌が落ちてきたら、以前のような愛情を抱くことができなくなるかもしれない。佐助にとって春琴はあくまで憧憬の対象であって、その春琴に対してひたすら献身的に尽くすしかなかったんだ。もし、春琴が情にほだされ、佐助に優しい言葉をかけるようになったとしたなら、ただの男女の仲になり、互いに愛し、飽きて、やがて別れるだけかもしれない。佐助は春琴の火傷の顔を見ていないし、彼女が最も美しいときに自分で自分の目を潰したんだ。

そうか。佐助の脳裏に浮かんでいるのは永遠に年を取らない、美貌の春琴なんだ！　先生、その後二人は結婚したのですか？

いや、目が見えない佐助が、同じように目が見えない春琴の手を引いて、町の中を歩いている姿を当時の人たちが目撃しているんだ。二人は結婚することなく、今までと同じように二人だけで年を取っても暮らし続けたということだ。

それって、ある意味では永遠の愛と言えるのかも。ハルカも自分の容貌に衰えを感じたら、彼に針を手渡して、「私を本当に愛しているなら、自分の目をこれで潰して」って言ってみようかしら。

ハルカちゃん、何だか怖い。

谷崎潤一郎の悪魔主義って、結構面白いかも。ハルカも少し大人になりました。

では、問題を解いてみよう。問一はどう考えた？

はい。まず問題文を見てみると、（1）～（4）まではくっついているので、春琴と佐助の連続した会話だと思いました。（5）と（6）は離れているので、前後の文脈から考えました。

うん。いいところに気がついたね。

（1）は春琴のセリフで、譫言《うわごと》に言ってるのだから、春琴が一番気にしていることよね。自分の顔の火傷を佐助に見られたくないのだから、答はカ。（2）は佐助の慰めの言葉。佐助のセリフは選択肢の中で、ウしかないから、簡単。（3）（4）は、佐助の慰めに対して、春琴が言い募ったとある

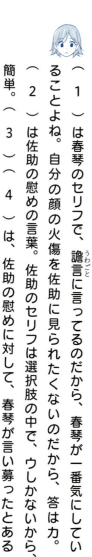

から、イとエ。イは「それより」とあるから、エ→イの順番ね。（５）は直後に「短い一言」とあり、喜びに震えているように佐助が感じたことから、オ。（６）は、「佐助は今こそ外界の眼を失った代りに内界の眼が開けた」とあることから、アが答。

お見事。答よりも、必ずその根拠を説明できるようにすれば、論理的な頭になっていくね。その点、ハルカちゃんはたいしたものだよ。

はい。これって、習慣にすれば、当たり前に感じるようになってき、無意識のうちに根拠を探してしまいます。

【解答】

問一　1カ　2ウ　3エ　4イ　5オ　6ア

問二　エ・オ

さあ、これで僕の授業はおわりだ。「最強！」シリーズも、これにて完。

今の時代は、検索すれば誰でも詳しい知識が得られるから、さらに教養を身につけた人の方がずっと魅力的に思えるよ。

最後まで私を見捨てないでくれてありがとうございました。有終の美って感じです。これからも教養の高い女を目指してがんばります！

第５章のポイント

- 教養を深めるためには、文学作品を読むことが最適。
- 文学作品は最初の数十ページを我慢しなければならない。
- 言語から得た情報をもとに、体験したことのない世界を構築せよ。
- 文学を読むときは、自分の価値観や生活感覚を殺して、その時代の価値観に従って読むこと。
- 設問は出題者の意図を考えよ。
- 教養とは知識ではなく、いかにものごとを深く、広く捉えることができるかである。

■ 著者紹介

出口 汪（でぐち・ひろし）

関西学院大学大学院文学研究科博士課程単位取得退学。広島女学院大学客員教授、論理文章能力検定評議員、出版社「水王舎」代表取締役。現代文講師として、予備校の大教室が満員となり、受験参考書がベストセラーになるほど圧倒的な支持を得ている。また「論理力」を養成する画期的なプログラム「論理エンジン」を開発、多くの学校に採用されている。

著書に『出口汪の「最強！」の記憶術』『出口のシステム現代文』『子どもの頭がグンと良くなる！ 国語の力』『芥川・太宰に学ぶ 心をつかむ文章講座』（以上、水王舎）、『出口汪の新日本語トレーニング』（小学館）、『日本語の練習問題』（サンマーク出版）、『出口汪の「日本の名作」が面白いほどわかる』（講談社）、『ビジネスマンのための国語力トレーニング』（日経文庫）、『源氏物語が面白いほどわかる本』（KADOKAWA）、『頭がよくなる！ 大人の論理力ドリル』（フォレスト出版）、『やりなおし高校国語・教科書で論理力・読解力を鍛える』（筑摩書房）など。小説に『水月』（講談社）がある。

■ 公式ブログ

「一日生きることは、一日進歩することでありたい」
http://ameblo.jp/deguchihiroshi/

■ オフィシャルサイト

http://www.deguchi-hiroshi.com/

■ ツイッター　@deguchihiroshi

★ 出口汪の「頭が良くなる無料メルマガ」登録受付中

出口汪の「最強！」の論理的に読む技術

2018年9月15日　第一刷発行
2018年9月20日　第二刷発行

著　者　　出口 汪
発行人　　出口 汪
発行所　　株式会社 水王舎
東京都新宿区西新宿6-15-1
ラ・トゥール新宿511 〒160-0023
電話 03-5909-8920

印刷所　　歩プロセス
製　本　　ナショナル製本
イラスト　　ソウ
ブックデザイン　　村橋雅之
編集協力　　土田 修
編集担当　　原田奈月

ISBN978-4-86470-106-8　C0095